部下がいる
全ての人の
ための

令和の働き方

働き方改革を資産形成につなげる方法

朝長健太
医師・産業医
(株)産業予防医業機構 代表取締役社長
労働衛生コンサルタント

JN220426

みらいパブリッシング

目次

はじめに

はじめまして、産業医（産業衛生専門医）の朝長健太です。産業医として化学工場、営業事務所、ＩＴ企業等で勤務し、厚生労働省において労働行政に携わり、臨床医として治療を行った複数の健康管理の視点で培ったノウハウを共有させていただくために本書を作成いたしました。

本書を作成するきっかけとしては、平成30年7月に公布された『働き方改革を推進するための関連法律の整備に関する法律（以下「働き方改革法」）』の影響がありますが、この働き方改革法は、日本の歴史の中でも画期的なものであると感じています。

振り返れば、日本の歴史の1つの節目として、聖徳太子が日の本の国を対外的に示した時代があると思いますが、その時代の十七条憲法は、「以和爲貴、無忤爲宗（和をもって貴しとなし、さかふることなきをむねとせよ）」から始まります。しかし、日本は悠久の歴史の中で、切磋琢磨を繰り返すこととなってしまいました。その中で、日本は荘園から始まる労働力の共有システムが生まれ、次第に守護地頭から御家人を経て、御恩と奉公の観点で、殿に命懸けで尽くす戦国時代や江戸時代を迎えることになりました。さらに、明治維新に伴う廃藩置県をきっかけに、殿に対しての命懸けが、殿がまとまったことで国に対しての命懸けに移行しましたが、様々な矛盾に対する反省を踏まえて、現在の国民主権となっています。

国民主権になったとはいえ、日本人は企業等に対して命懸けで御恩と奉公を行ってきました。例えば、平成29年度「過労死等の労災補償状況」によると、脳・心臓疾患に関する事案の労災補償状況で、支給決定件数は２５３件（うち死亡件数92件）であり、精神障害に関する事案の労災補償状況で、支給決定件数は５０６件（うち未遂を含む自殺の件数98件）であり、その実態が浮き彫りになっています。

日本人は、明治以前は殿に対して、昭和初期までは国に対して、そして、平成までは企業等に対して命懸けで御恩と奉公を行ってきました。しかし、明治維新から約１５０年、第二次世界大戦終結から70年以上経過することから、次のステージに進むために、『自身と家族のために命を懸けるべき』と『企業と国の安定的発展』を両立させるために、働き方改革法は公布されたと受け止めています。

私は、産業医として企業の健康管理を行う中で、様々な笑顔と悲しみに触れてきました。働き方というテーマだけでも、多種多様な考え方があり、意見がぶつかることは多々ありました。

生産性向上という労働衛生において重要な考え方の1つについて、多くの方は生産性が向上すると企業の収益が上がることで良い結果になると考えると思います。しかし、私が経験した事例として、若手の従業員より、「業務を先輩と協力して進めた方が効率的であることから、先輩に業務指導をお願いしたが拒否された。」との訴えがありました。関係者への事実確認で判明したことは、先輩が、後輩に仕事を教えた場合、自身の業務を奪われ、継続的な勤務ができなくなることを危惧しているという背景を認めました。この様に、多くの方には良い対策であっても、誰かにとっては心配の種となるおそれがあります。

1例ではありますが、産業医の対応として、人事や上司と協議を行う中で、業務のマニュアル化や機械化への協力実績を、役職や報酬に関する評価において重視するよう提言し、各関係者と調整しながら、従業員が生産性向上に協力しやすい仕組みを構築してきました。これは、前述の「以和爲貴、無忤爲宗」に通じることと感じています。

働き方改革法の中で、従業員の健康管理に関することは、約50年の歴史がある労働安全衛生法とその運用実績を背景に作成されました。本書においては、労働安全衛生法を軸に、働き方改革が資産形成に役立つことを示させていただきます。

元気に出勤された全ての方が、家族の元に元気な姿でお帰りになる時代を祈念して、本書の巻頭とさせていただきます。

本書のナビゲーター

医師・産業医
池神 翔

衛生管理者
松山加奈

CHAPTER-1

働き方改革を企業の資産形成につなげるための基礎知識

UNIT-01

企業は利益を上げないと成立しない

企業の主目的は利益を上げること

働き方改革等の従業員の健康管理に関する前提

一般的な企業は、人件費、株主配当、各種税金等を支払うためにも、継続的に利益を生まないと成立できません。すなわち、利益を出していくことが、企業が存続するための必須条件ともいえます。

本書は、働き方改革等の従業員の健康管理をテーマとしていますが、その前提となるのは、従業員は企業の中で働いている人ということになります。従って、『従業員の持つ健康の維持』と『従業員の働きにより企業が発展すること』の両立が必要になってきます。

そのため、本書における取り組みの全ては、利益を向上させるという前提が必要になってきます。

利益向上の要素

利益とは、企業の総売上額から生産および販売に要した経費を差引いた残額のことですので、仮に経費が固定されている場合、売上が伸びれば利益は拡大します。逆に、売上が変わらなくても、経費が下がれば利益を増やせます。すなわち、売上を伸ばすか、経費を圧縮すれば利益が生まれることになります。

具体的には、イノベーションなどによって競争力のある商品の提供や、的確に情報分析しマーケットを拡大することにより、売上を向上させる。原価や組織等の見直しをすることにより、持続的に経費を削減すること、さらに、事故等により突発的に発生する経費を事前に対策することで削減すること等が挙げられます。利益を向上させるためには様々な取り組みがありますが、本書においては、以下の要素を『10の経営要素』として捉え、働き方改革に関連する要素であるMan（人材）のうち、従業員に着目して議論をしていきます。

・Management（運営力）
・Man（人材）

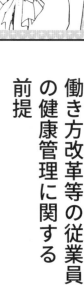

・Money（金）
・Market（営業力）
・Material（材料）
・Machine（機械）
・Method（技術）
・Mind（感情）
・Information（情報）
・Law（法律）

従業員が利益を生み出す方法

厚生労働省発表の「平成30年度地域別最低賃金改定状況」によると、最低賃金時間額は761円〜985円と高額であり、各種税金や社会保険を加えるとさらに高額になります。従って、数十年前の様に、従業員に単純作業を行わせるだけで利益が生み出される状況ではなくなってきています。

そこで、人材から利益を生み出すためには、10の経営要素のうち、人材以外の部分を、従業員の持つ知識、経験、技術等で向上させる必要があります。

例えば、適切な指示系統により経済のスピードを上回れる運営力、各種ステイクホルダーと有機的な繋がりを持つ営業力、学習や経験を水平展開することで組織として発揮される技術力等、従業員が他の要素の質を向上し、向上した企業価値から利益を生み出す必要があります。

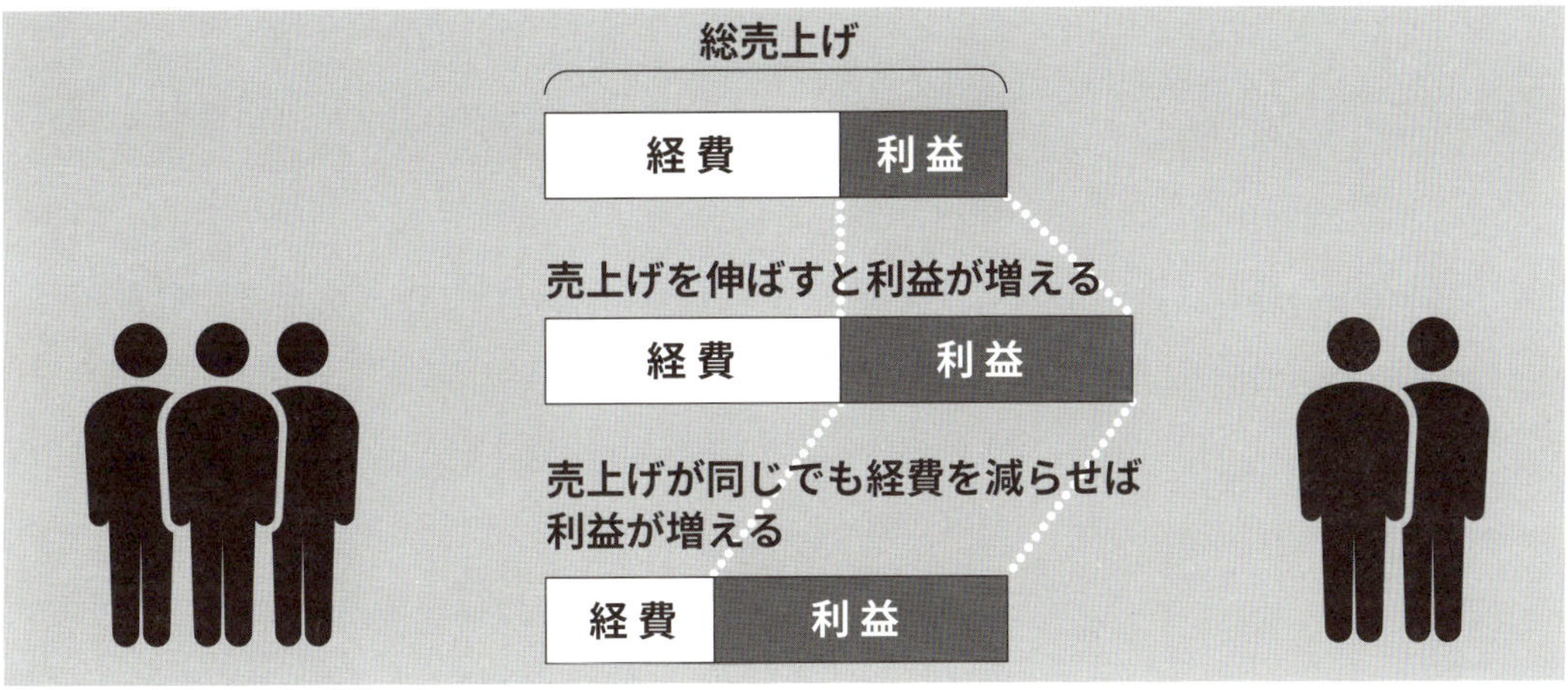
総売上げ
経費
利益
売上げを伸ばすと利益が増える
経費
利益
売上げが同じでも経費を減らせば利益が増える
経費
利益

【CHAPTER-1】では、企業と従業員が対等の存在として、相互に役割を発揮するための前提を示し、法令を土台として企業の資産形成へとつながっていく考え方について示します

法令を土台として企業の資産形成へとつながっていく考え方について示します。

UNIT-02

企業と従業員の相互義務１

従業員は企業に損害を与えてはならない

企業の利益を侵害されないための誠実義務

『従業員』は業務に従事している者、という定義上、当然、企業に労働力を提供する義務を負っています。

しかし、労働力を提供するだけでなく、企業の一員としての義務も発生します。

企業は利益を追求することを目的としているので、そこで雇用されている従業員がこの目的に反する行為は許されません。

すなわち、従業員はただ単に労働力を提供するだけでなく、『誠実』に働くことを企業に求められているのです。

誠実に働くとは、企業の持つ情報や、商品、顧客、販売ルートを活用することで生み出される利益を、減少させたり、奪うことなく、利益が増加するように働くということになります。

これは、直接的に企業の資産を破壊したり、窃取する行為の禁止にとどまりません。

例えば、従業員が勤めている企業の商品を他に持ち込み、勤めている企業の方法を模倣して販売することは、当該企業の利益の一部を奪い取っていることになります。

企業はこうした状況を防ぎ、利益を守るために『就業規則』等を定め、雇用する際に提示し、その遵守を就業時の条件としています。従業員は働く際に企業に損害を与えないために、就業規則等の定めを遵守する義務があり、これを『誠実義務』といいます。

誠実義務を犯すことは、本来の企業活動の目的に反することになり、罰せられます。企業に多大な損害を与えた場合、解雇されるどころか訴訟問題になって損害賠償を請求されることにすらなりかねません。

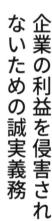

従業員の誠実義務は会社が成長するために重要なこと

誠実義務違反のケースをご紹介します。従業員のAさんはB社に勤めていましたが、ある日、B社を辞めて独立することにしました。

　このときAさんは同僚だった従業員の何人かに声をかけてB社の社員を引き抜き、新しい会社を設立してしまったのです。

　そこでAさんたちは古巣のB社でやっていた通りのことをしました。

　B社にいたときに扱っていた商品を、B社で取引のあった顧客に対して販売したため、短期間で売り上げを伸ばし、大きな利益を出すことに成功しました。

　同時にB社の利益はその分落ちてしまいました。

　AさんはB社の利益を侵害したということで、誠実義務違反をしたことになります。

　実際には、80人もの従業員を引き連れて新会社を立ち上げた例がありますが、このケースでは、新会社に対し、損害賠償を命じる判決が出ています。

　従業員に対して誠実義務を課すことは、企業の利益を守り、存続し続けるためには重要なことです。

　企業の人事担当者は、就業規則を無

形の資産としてとらえ、質と実効性を常に向上させていくよう意識していかなければなりません。

UNIT-03

企業と従業員の相互義務２

企業は従業員に損害を与えてはならない

健康は従業員が固有に持つ『財産』といえるでしょう。

企業は従業員に対して安全配慮義務がある

企業で働く従業員は、誠実義務を負って労働力を提供します。労働力を提供できるということは、『働ける程度に健康』という状態であるといえます。

この働ける程度の健康があるからこそ従業員は労働力を提供でき、報酬を得られるのですから、この健康は従業員が固有に持つ『財産』といえるでしょう。

企業はこの働ける状態で労働力を提供してくれている従業員の健康を損なわない義務があります。すなわち企業は従業員に働いてもらう際に、職場でけがや病気にならないように職場環境を整備するよう意識することが必要になります。

もちろん、意識的に従業員にけがをさせることがあってはなりませんが、職場環境の中には従業員がけがや病気になるリスクが潜んでいることもあります。

このような場合、リスクの存在が分かっていて、そのまま放置するのは従業員の健康を侵害することになるので要注意です。

企業は従業員を出社時と同じ状態で家庭に帰す義務があり、これを『安全配慮義務』といいます。

企業は従業員を保護客体（保護しなくてはいけない存在）とする安全配慮義務を課せられているのです。

安全配慮義務について

企業が安全配慮義務を遂行するには、2つのことが重要になります。

・業務が原因となる危険を予知すること
・その危険を回避する処置を行うこと

たとえば、高い場所での作業を従業員に指示する場合、転落する危険性があると予知できる場合は、柵を設置したり、従業員に命綱の着用を徹底させるなどして安全配慮をしなくてはなりません。

回避しなければならない危険の基準に関しては、『労働安全衛生法』に定められています。

労働安全衛生法は、昭和47年に公布された法律で、労働者の安全と衛生についての基準が定められており、罰則規定もあります。起こり得る危険すべてに漠然と対処する必要はありませんが、同法を遵守することは義務付けられています。

　同法の目的について、条文では以下のように記載されています。

「労働基準法（昭和22年法律第49号）と相まって、労働災害の防止のための危害防止基準の確立、責任体制の明確化及び自主的活動の促進の措置を講ずる等その防止に関する総合的計画的な対策を推進することにより職場における労働者の安全と健康を確保するとともに、快適な職場環境の形成を促進することを目的とする。」

　企業はこの目的に沿って、適切な安全配慮をする必要があります。

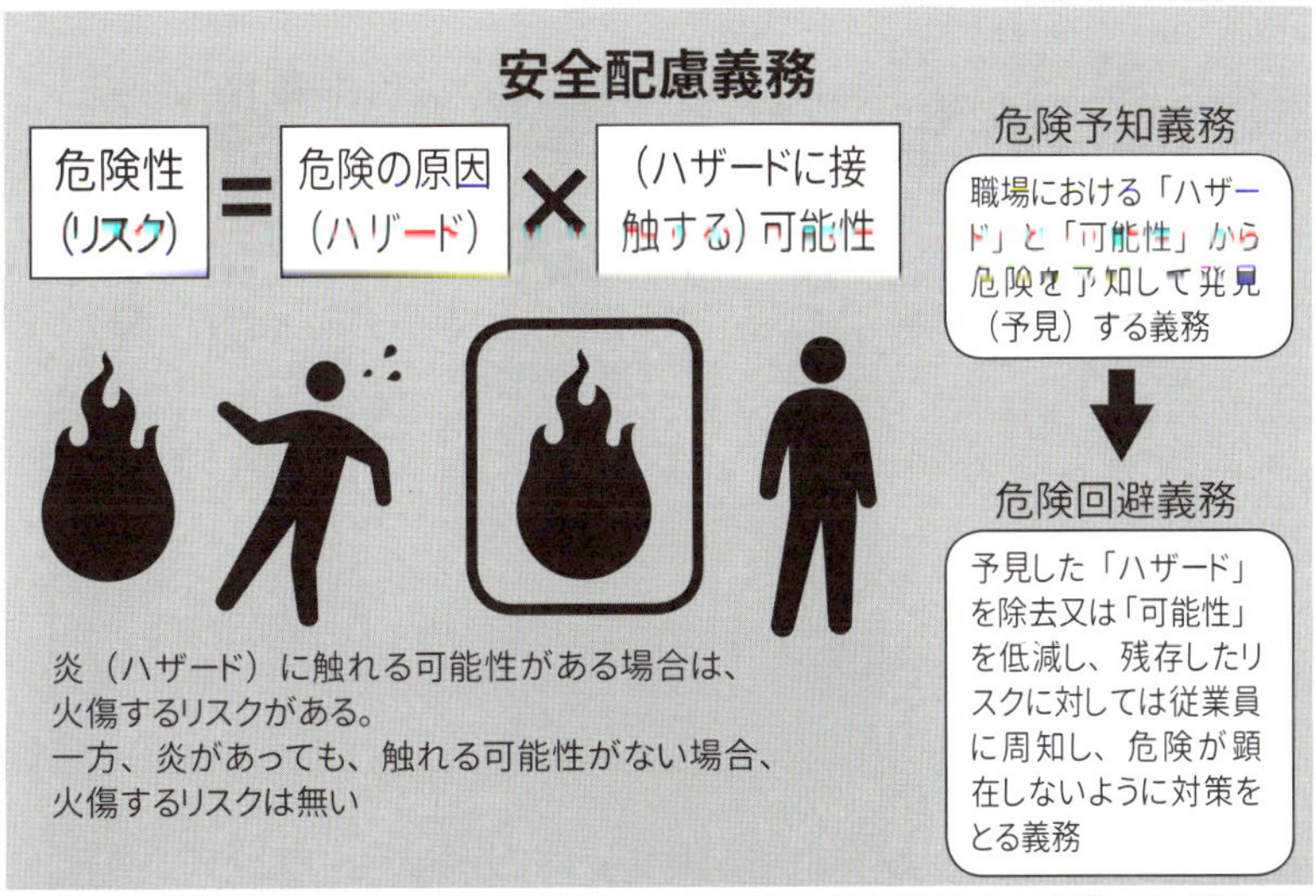

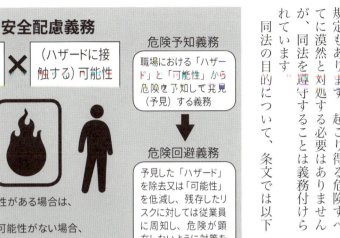

UNIT-04

企業と従業員の相互義務３

並行的な相互義務関係

従業員には『誠実義務』があり、企業には『安全配慮義務』があります。

企業と従業員は相互に義務がある

前項で述べたように、従業員には『誠実義務』があり、企業には『安全配慮義務』がありますが、この両者は並行的（相務的）な関係になりますので、『相互義務』ということができます。

なお、これと同じような並行的な相互義務は、従業員が働くことによって企業に利益をもたらす『労働提供義務』と、企業が従業員の働きに見合った報酬を提供する『賃金支払義務』の関係です。

２つの相互義務は、従業員にとっては、安定した賃金と安全で衛生的な職場で働くための必要条件であり、企業にとっては、事業が円滑に活動するための必要条件になります。

この関係の一部でも損なわれると、様々な問題が発生します。

例えば、労使協定以上に長時間労働を従業員に強制したり、最低賃金が支払われない場合、その企業は義務が守られていないことから、労働基準局の公表事案として取り扱われることがあります。

逆に、従業員が企業側の指示に従わず誠実に働かないことで、利益が低下することもあります。

このように、企業と従業員は相互に義務を負う関係になります。

相互義務の最低基準

企業と従業員の間には、原則、労働契約法に基づき、労働契約が結ばれていますが、それぞれの相互義務には、最低ラインを保障する基準があります。

安全配慮義務に関しては、「労働安全衛生法」等において、従業員が安全で衛生的な職場を確保するための様々な基準が規定されています。

誠実義務については「労働基準法」等において、就業規則を遵守し、誠実にその義務を守ることが義務付けられています。

また、労働提供義務と賃金支払義務に関しては、「労働基準法」や「最低賃金法」において、賃金の計算方法や最低の金額等が示されています。

賃金に関する法律の目的

「労働基準法」は昭和22年に公布された、労働基準を定める法律で、その第1条には「労働条件は、労働者が人たるに値する生活を営むための必要を充たすべきものでなければならない。」と定められています。

「最低賃金法」は昭和34年に制定され、その目的は「賃金の低廉な労働者について、賃金の最低額を保障することにより、労働条件の改善を図り、もつて、労働者の生活の安定、労働力の質的向上及び事業の公正な競争の確保に資するとともに、国民経済の健全な発展に寄与することを目的とする。」と述べられています。

なお、両者ともに罰則規定があります。

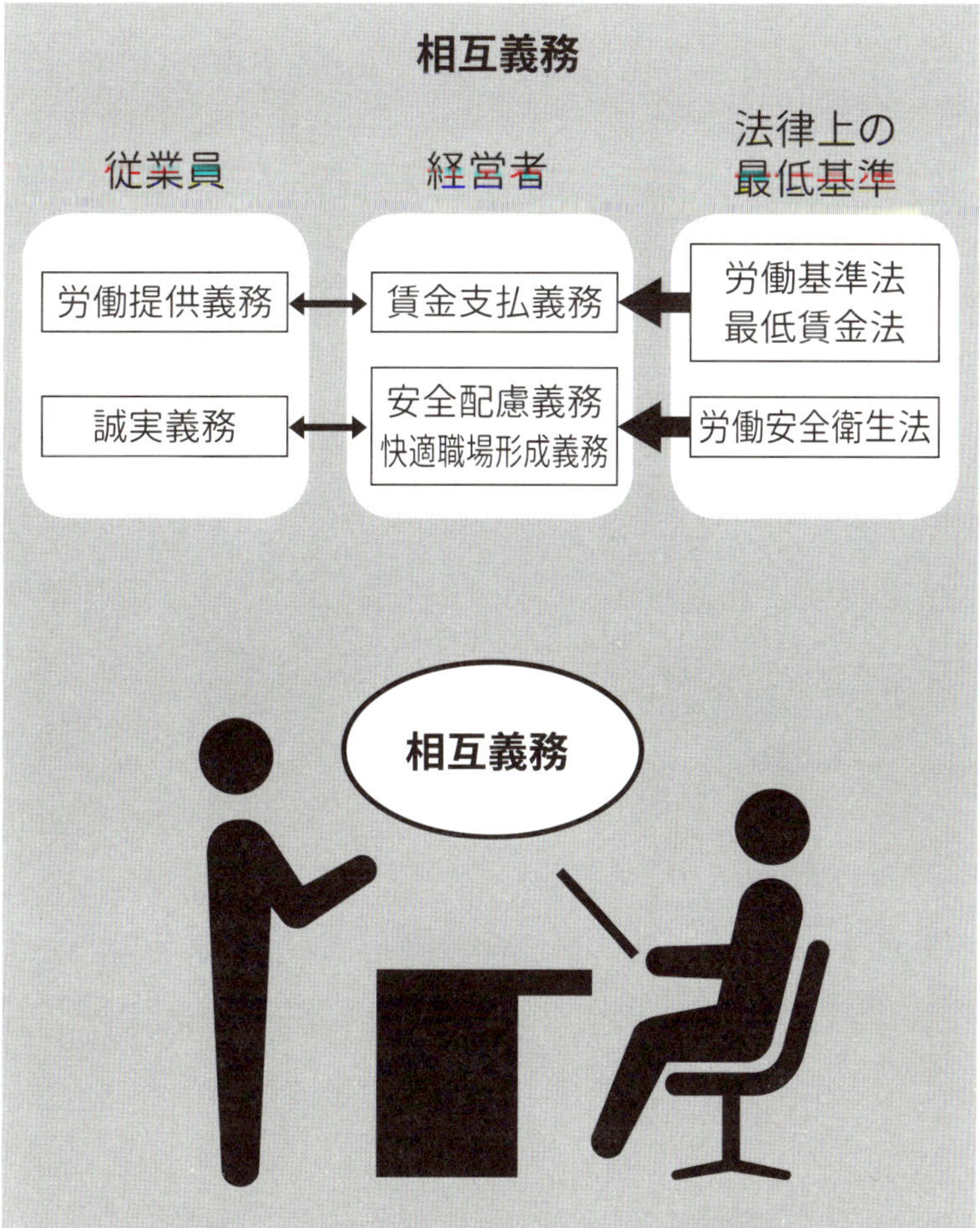
相互義務
従業員
経営者
法律上の
最低基準
労働提供義務
賃金支払義務
労働基準法
最低賃金法
誠実義務
安全配慮義務
快適職場形成義務
労働安全衛生法
相互義務

相互義務が満たされない場合、企業に不利となる様々な矛盾が発生する。

企業と従業員の間には労働契約が結ばれて相互義務があり、「労働安全衛生法」、「労働基準法」、「最低賃金法」等に示されています。

UNIT-05

企業と従業員の相互義務４

相互義務を適切に運用するために

経営者は、３つの視点を統合し、より良い解決策を調査審議するために『衛生委員会』を設置する義務があります。

衛生委員会の活用

企業と従業員との『相互義務』を踏まえたうえで、企業活動が円滑に活性化し、利益が増大する方法を考えていきたいと思います。

利益を増やすために、新しい現場の対策や機械の導入などをやみくもに行っても、求める結果が得られるとは限りません。その原因は、職場における関係者の考えや作業内容を総合的に調整できなかったことが考えられます。

それを防ぐためには、作業環境や作業内容を改善するときに、『利益向上』という経営者の視点、『作業負担低減』という従業員の視点、『健康の維持増進』という医療の専門家である産業医の視点の３つの視点を重視しつつ整合的に見ることが必要になります。

そこで経営者は、それぞれ３つの視点を統合し、より良い解決策を調査審議するために『衛生委員会』を設置する義務があります。

衛生委員会の設置は、「労働安全衛生法」第18条に「(50人以上の事業所の）事業者は、政令で定める規模の事業場ごとに、次の事項を調査審議させ、事業者に対し意見を述べさせるため、衛生委員会を設けなければならない」と定められています。

さらに労働省通達・昭和47年9月18日発基第91号における「労働安全衛生法の施行について」において、「問題のある事項については、労使が納得の行くまで話し合い、労使の一致した意見に基づいて行動することが望ましい」とされており、三つの視点で納得できるまで話し合うことから、衛生委員会は労使妥結手段ともとらえることができます。このため、衛生委員会は「労働者の健康増進」という機能に加えて、意見を調整し企業活動を活性化させる機能も胚胎することになったのです。

衛生委員会の意見を基にして経営者が決定した対策は、作業内容や作業環境の改善として企業内で具体的に実行されます。

なお、衛生委員会に類似した国の体制として、『労働政策審議会』があり、労働政策審議会は、厚生労働大臣が任命する委員30名（公益代表委員・労働者代表委員・経営者代表委員の各10名）で組織されています。こちらは厚生労働大臣の諮問に応じて、労働政

衛生委員会とは

〈厚生労働省ＨＰより〉

事業者は常時50人以上の労働者を使用する事業場ごとに、衛生に関することを調査審議し、事業者に意見を述べるため、衛生委員会を設置しなければなりません。

衛生委員会の調査審議事項は、

１．労働者の健康障害を防止するための基本となるべき対策に関すること
２．労働者の健康の保持増進を図るための基本となるべき対策に関すること
３．労働災害の原因及び再発防止対策で、衛生に関すること
４．前三号に掲げるもののほか、労働者の健康障害の防止及び健康の保持増進に関する重要事項

になります。

衛生委員会のメンバーは事業者が指名することになりますが、その要件は、

A.　総括安全衛生管理者またはそれ以外の者で、当該事業場において事業の実施を統括管理するもの若しくはこれに準ずる者　１名（議長）
B.　衛生管理者　１名以上
C.　産業医　１名以上
D.　当該事業場の労働者で衛生に関し経験を有する者　１名以上

になります。

衛生管理体制の有効活用

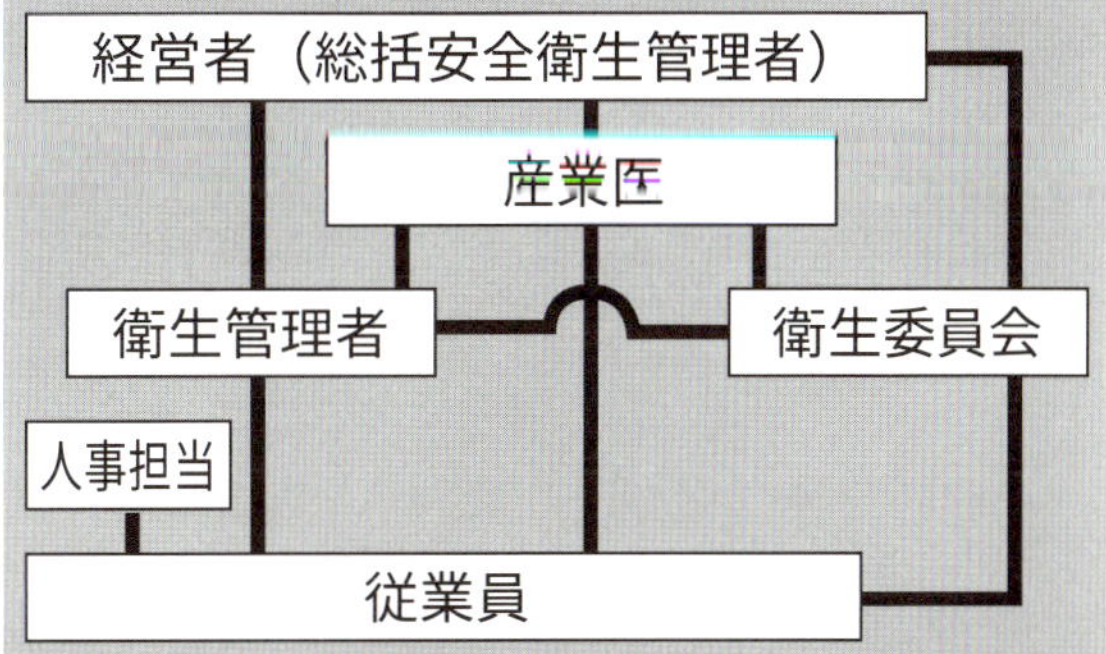

衛生管理体制に、生産性向上の視野を導入することで、すでに法令に基づいて構築した体制が水平活用できる。

策に関する重要事項の調査審議を行い、答申することができます。

適切な衛生委員会の意見は、経営者の負担を低減する

衛生委員会で適切な調査審議によって提出された意見には、必ずしも強制力はありません。

しかし、経営者・従業員・産業医で話し合って出されたものなので、利益向上、作業負担低減、健康の維持増進の視点でまとめられています。

従って、経営者が持つ「労働衛生の取組をしたら利益低下のおそれがある」「労働衛生の取り組みを、どこまで達成すればよいか分からない」といった悩みの種を、企業全体にとって良い方向で解消することが見込めます。企業活動を活性化させるためにも、衛生委員会を活用することが勧められます。

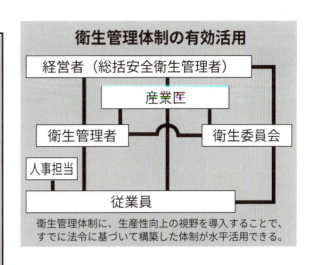

UNIT-06　安全管理体制の実績に倣う

労災死亡者数の減少という成果を汲んで

安全の取り組みにより、労働災害による死亡者数は、平成２７年には９７２人と１０００人を下回るまで改善しました。

労働災害死亡者数の推移が成功のヒント

労働災害による死亡者数は、昭和36年にピークとなり６７１２人でしたが、死亡災害の発生の原因を確認し、安全管理体制や『安全委員会』で様々な予防対策を行った結果、平成27年には９７２人と１０００人を下回るまで改善しました（図参照）。

企業が主体的に安全対策を行い、職場から危険の原因を取り除いたり、保護具の着用等といったことを１つ１つ徹底したおかげで良い成果が生まれたといえます。これは労働安全衛生に関わる方々には、大きな成功体験となっています。すなわち、安全な職場の実現には、安全管理体制や安全委員会を有効に活用することが必要です。

安全委員会は「労働安全衛生法」17条において、「事業者は、政令で定める業種及び規模の事業場ごとに、次の事項を調査審議させ、事業者に対し意見を述べさせるため、安全委員会を設けなければならない。」と定められています。「次の事項」とは、労働者の危険を防止するための基本となるべき対策、労働災害の原因及び再発防止対策等といった労働者の危険の防止に関する重要事項をいいます。

労働安全衛生法基づき、同時期に安全と衛生の取り組みについて定められましたが、先行して安全に関する取り組みで前記のように大きな成果が出たことから、衛生についても衛生管理体制や衛生委員会を機能させることで一定の成果が期待できます。

時間外労働のあり方を見直す際に、衛生委員会の活用

「働き方改革を推進するための関係法律の整備に関する法律」（平成30年7月公布）の成立により、時間外労働が厳しく管理されるようになりました。

原則として月45時間、1年で３６０時間が時間外労働の上限となります。計算すると一日平均約2時間以上残業

してはならないことになります。そして、この上限を超えて企業が従業員に労働させた場合、罰則が課せられることになりました。これにより、多くの企業では時間外労働のあり方を見直す必要がでてきました。

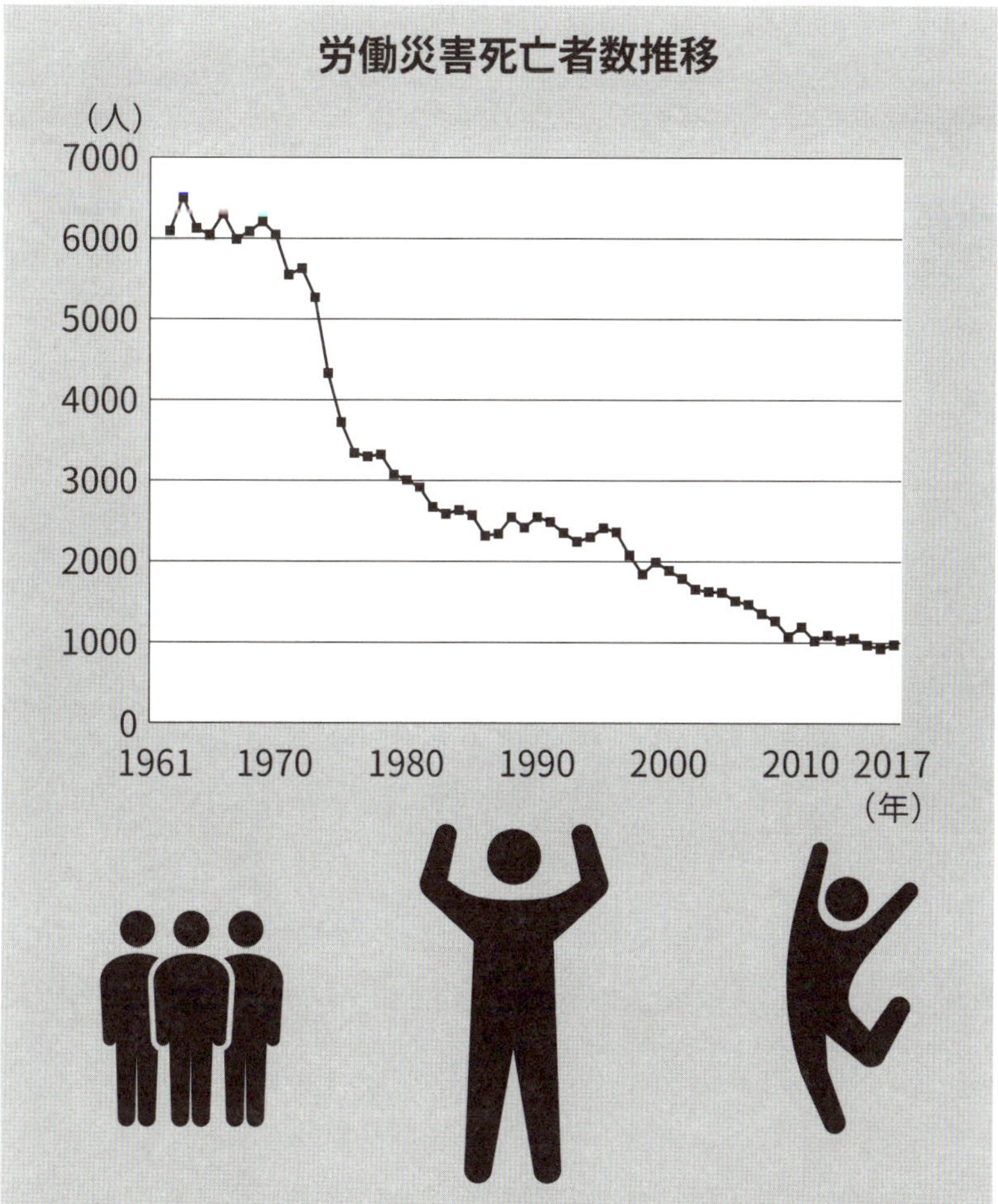
労働災害死亡者数推移
（人）
7000
6000
5000
4000
3000
2000
1000
0
1961
1970
1980
1990
2000
2010
2017
（年）

事業者と行政が連携し、死亡災害を 2015 年で 1,000 人を下回るところまで改善した。

見直しといっても、利益が下がることは避けなければなりません。そこで、法令上は、「労働時間等の設定の改善に関する特別措置法」（平成４年７月公布法律第90号）に基づき『労働時間等設定改善委員会』の設置が定められています。

さらに、今般の時間外労働の在り方の見直しについては、従業員の健康維持増進の視点も重要になることから、企業活動の長期的視野に立って、同法には衛生委員会を活用することも示されています。

数十年の時間をかけて結果を出してきた安全の取り組みを参考に、衛生管理体制や衛生委員会の活用を行うとよいでしょう。

安全の取り組みを参考に、衛生の取り組みを行うとよいでしょう。

UNIT-07 安全衛生対策から快適職場形成へ

快適職場はより付加価値の高い安全衛生対策

『安全で衛生的な職場』は、従業員が働く前と後で、体調や感情が悪化しない職場です。

快適職場の意味と形成について

『安全で衛生的な職場』は、仕事中のけがや病気になる心配が少ないため、従業員が働く前と後で、体調や感情が悪化しない職場です。こういう職場は、健康悪化に伴う事故対応コストが発生しない職場であることから、資産価値があると言えます。

　では、この考え方をさらに進めて、従業員が働く前に比べて働いた後の方が元気になって、気持ちを前向きにできる快い職場を想定してみましょう。

　快さには、金銭により衣食住といった生理的欲求を満足させること、周囲から評価され承認欲求が満足すること等、マズローの5欲求（図1参照）に代表される欲求を最小限の負担で満たすことで得ることができます。

　しかし、快適なだけであれば家庭やレジャーで体験すれば良く、職場で行う必要はありません。従って、『快適職場』とは、生理的欲求や承認欲求等を満たすことと、高い生産性を維持することが両立できた職場といえます。

　図2のように、大きな岩を素手で5キロ運んで15万円がもらえる場合と、トラックで5キロ運ぶことで3万円がもらえる場合があるとします。支払われる賃金は素手で運ぶより安くても、ほとんどの人がトラックを使って運ぶことに快適さを感じて、選ぶのではないでしょうか。15万円もらっても、作業後は疲れ果ててしまい、継続して働くことができません。すなわち、成果を出すための負荷を下げる仕組みが適切に使われているほど生産性も上がり、従業員の作業環境も快適になります。

　さらに、快適職場には、トラックの事例の様な物理的なもの（ハード面）だけでなく、良好な人間関係等の文化的なもの（ソフト面）もあります。快適職場を形成することは、売上向上、作業負担低減、健康の維持増進が高い水準で達成された、付加価値を生み出す資産を持つことといえます。

資産としての物理的な快適職場と文化的な快適職場

　物理的な快適職場は、成果物を得るために必要な従業員の負荷を低減させる工学的な仕組みになります。具体的には、車輪や機械等の固定資産です。

一方、文化的な快適職場は、業務の工程数を減らす取り組み、良好事例の水平展開、熟練者の知恵や経験を共有するといったことが、しっかりと行われ、作業効率や従業員の定着が高いレベルで実現できている職場です。もちろん、こういった取り組みは企業であれば当然行っていますが、企業の文化として見える化して、共有ができていることと、広く浸透していることが重要です。

なお、快適職場形成をトップダウンで強制している場合には、従業員は無駄なストレスを感じ、職場の快適性が低下しがちです。快適職場の形成については、経営者は衛生委員会の活用などで適切な衛生管理を行い、従業員と歩調を合わせて改善を行うことが重要です。

図 1：マズローの 5 欲求

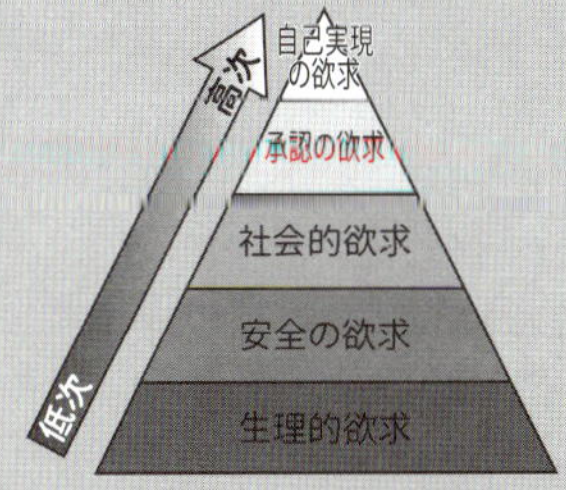
高次
自己実現の欲求
承認の欲求
社会的欲求
安全の欲求
生理的欲求
低次

アメリカの心理学者マズローが理論化した『自己実現理論』で「マズローの欲求 5 段階」と呼ばれるピラミッド型の欲求段階説。人間の欲求を底辺の原始的欲求から、頂点の高次な欲求まで 5 段階に分けた。

図 2：快適職場の資産価値事例　　**快適職場の資産価値**

この岩を、担いで5km 運んでくれたら 15 万円出します。
この岩を、運転して5km 運んでくれたら3万円出します。
資源
エネルギー
成果物
このエネルギーを低くする仕組みが、生産性と快適性の両立を実現する。

成果を出すためのエネルギーを、下げる仕組みが伴っている方が従業員は快適であり、生産性も向上する。

『快適職場』とは、生理的欲求や承認欲求等を満たすことと、高い生産性を維持することが両立できた職場といえます。

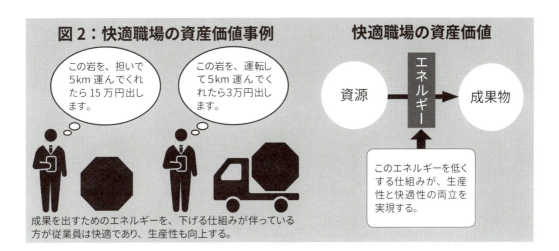

UNIT-08　相互義務を超えた視点

『快適職場』で実現するギブ アンド テイクで資産形成

雇用契約の成立には、横の視点とたすき掛けの視点をバランスよく合わせることが必要です。

相互義務を超えたギブ アンド テイクの関係

企業と従業員は相互義務の関係にあることはすでにお話ししました。

さらに『快適職場』においては、相互義務の枠組みを超えて、企業と従業員の間にギブ アンド テイクという、より高次な関係も存在します。

図1をご覧ください。従業員の『労働提供義務』に対して水平の矢印は企業の『賃金支払義務』、従業員の『誠実義務』に対して水平の矢印は『安全配慮・快適職場形成義務』と結ばれています。この横の関係に加えて、『労働提供に対して安全配慮・快適職場形成』『誠実さに対して賃金支払い』という『たすき掛け』の視点もあり得ることを図は示しています。

例えば、数分単位のスケジュールで営業管理を行う高い誠実さを求める代わりに、その誠実さを非常に高く評価して年収2000万円を超える賃金を支払っている企業があります。一方、報酬は低くても、熟練者の技術を尊重するなど職場の人間関係を大事にしたり、従業員を信頼して裁量権を向上させることで、優秀な従業員に働いてもらっている企業があります。このように雇用契約の成立には、横の視点とたすき掛けの視点をバランスよく合わせることで、相互義務を越えたギブ アンド テイクの関係を成立させることが可能なのです。

経営者は、バランス感覚を持って手段を選択すべき

以上のように、経営者が優秀な従業員と雇用契約を結ぶ際に提示する条件には、高賃金にすることと、安全配慮・快適職場の質を向上させることという2つの選択肢があります。

単純に賃金を上げる場合、人材募集時の広告効果や、給料が上がることに伴う人材の長期雇用が期待できますが、企業としては労働提供を受ける以上の資産形成につながりません。

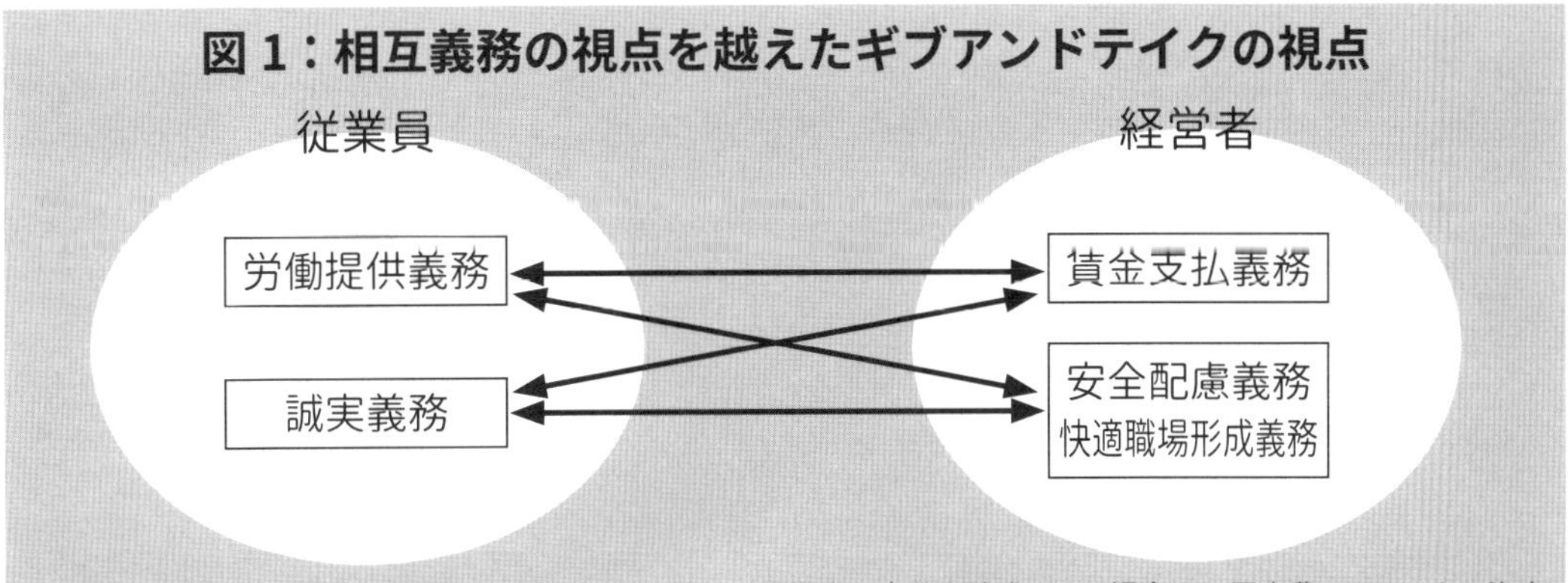
図1：相互義務の視点を越えたギブアンドテイクの視点
従業員
経営者
労働提供義務
誠実義務
賃金支払義務
安全配慮義務
快適職場形成義務

安全配慮された職場・快適職場は資産であり、特に、職場内に文化を醸成できた場合は、固定費のかからない資産とみることができる。

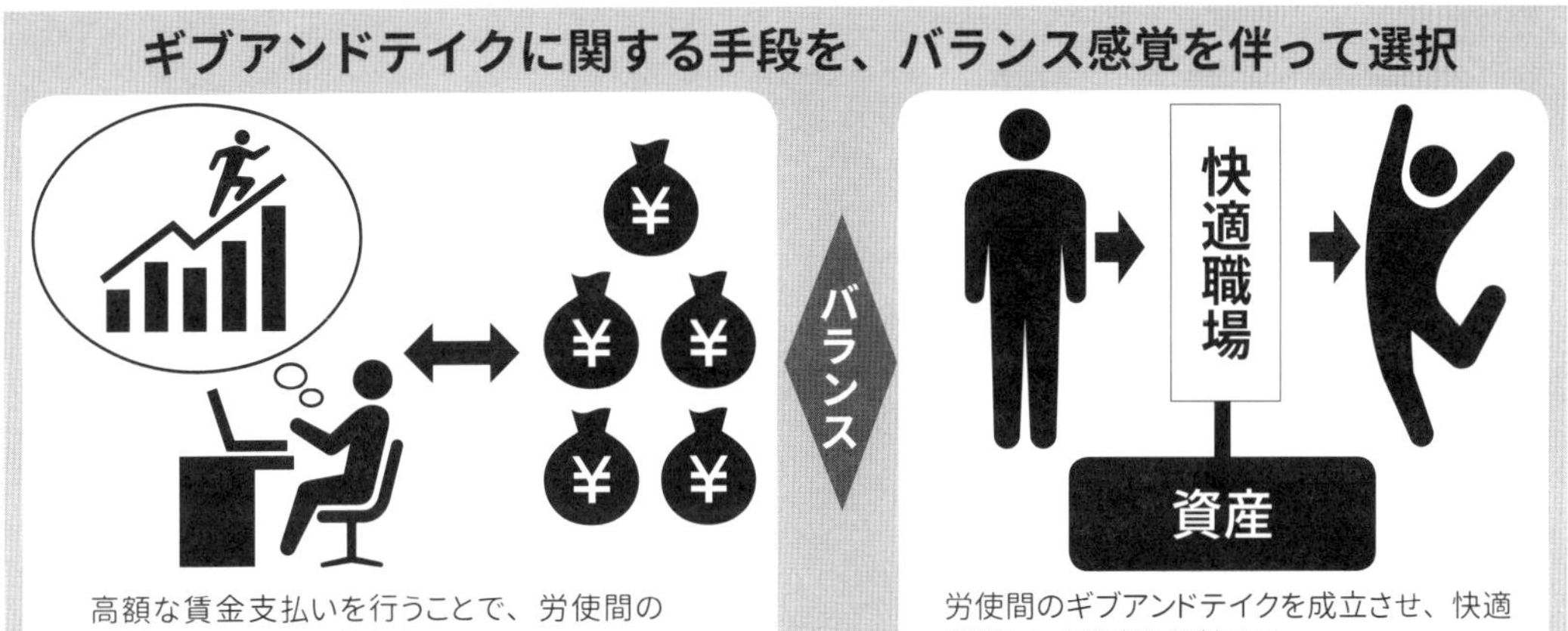
ギブアンドテイクに関する手段を、バランス感覚を伴って選択
¥
バランス
快適職場
資産

高額な賃金支払いを行うことで、労使間のギブアンドテイクを成立させる。

労使間のギブアンドテイクを成立させ、快適職場という資産を保持する。

一方、安全配慮・快適職場の質を向上させる場合、従業員の定着と合わせて安全で衛生的かつ快適な職場という財産を保持することができます。しかし快適職場の資産価値を対外的に見える化することが難しく、人材募集の広告効果を得るには工夫が必要でしょう。

従業員の募集や定着に関して、経営者は賃金と安全配慮・快適職場という2つの選択肢の良い点と欠点を理解し、バランス感覚を持って選択する必要があります。

経営者は賃金と安全配慮・快適職場形成という2つの選択肢の良い点と欠点を理解し、バランス感覚を持って選択する必要があります。

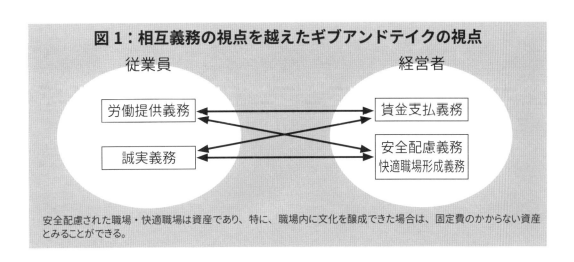

健康管理の『4つのケア』

働く人の健康管理を行うに当たって、実施主体は、従業員自身、上司や同僚、企業内専門家、企業外専門家の4つに分けることができます。実施主体によって、健康管理の方法に特徴があることから、労働衛生では以下の様に『4つのケア』が定義されています。

●従業員自身によるセルフケア

従業員自身が、自らの身体的、精神的、社会的な健康の状態を理解し、健康を障害する原因を減らし、働くことに達成感を得ながら健康を維持増進することが、セルフケアです。従業員は、自身の健康状態について最も情報を持ち、生活習慣等の改善については主体的に取り組むことができます。一方で、健康障害を引き起こすおそれのある業務の負担を低減することや、専門的な健康管理の取り組みについては、他のケアを利用する必要があります。

●上司等のラインケア

従業員は、自身の生活習慣等を改善することができますが、企業内において、独断で業務負担を低減することはできません。そこで、上司や同僚と調整を行い、上司の決裁のもと、健康障害を引き起こすおそれのある業務負担を低減することが、ラインケアです。また、従業員のセルフケアが不十分である場合、上司や同僚が声をかけるなどの支援により、企業内産業保健スタッフによるケアにつなげることも必要です。

●企業内産業保健スタッフによるケア

健康管理には、専門的な知識と経験が欠かせません。そこで、セルフケアやラインケアで対応しきれなかった健康管理上の課題を解決するための支援が、企業内産業保健スタッフによるケアです。原則は、セルフケアとラインケアで解決できるように面談や職場巡視を通して支援しますが、高度な治療等が必要と判断した場合は、企業外健康管理資源である医療機関等への紹介を行います。

●企業外健康管理資源によるケア

高度な健康管理が求められる場合、人と物の視点で企業内で健康管理を行うことができないことがあります。そこで、企業外健康管理資源である、医療機関や復職支援施設を活用することが、企業外健康管理資源によるケアです。高度な健康管理を行うことができますが、従業員の業務内容や職場環境等の情報を主体的に得ることができないため、企業内産業保健スタッフとの緊密な連携が必要になります。

CHAPTER- 2

資産を生む『快適職場』のつくり方
～ 産業医の視点から ～

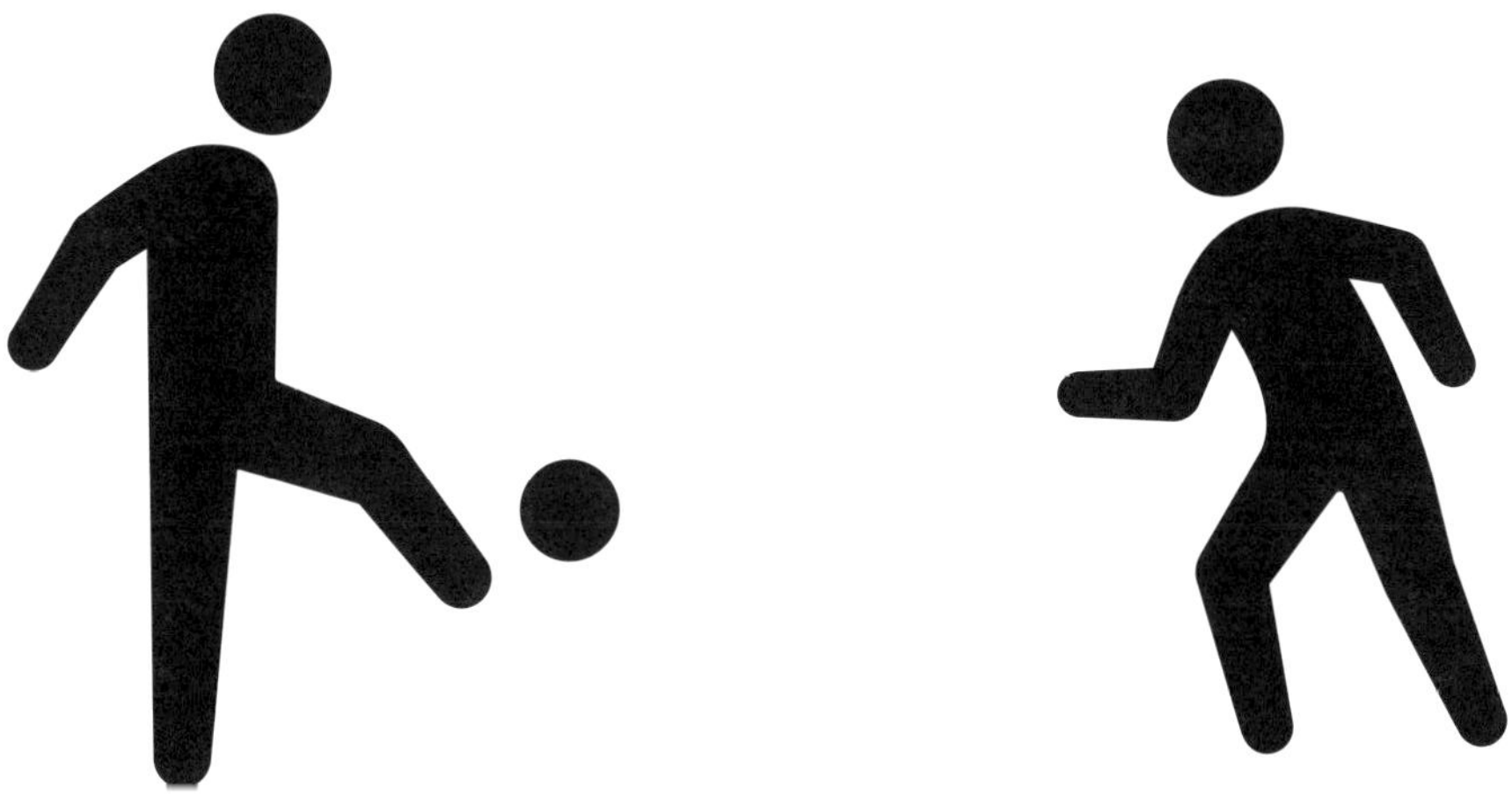

UNIT-01

働き方改革の必要性 1

『残業 100 時間』のとらえ方

時間外労働１００時間は、健康障害を引き起こす原因の１つです。

時間外労働月１００時間の根拠

従業員の時間外労働は、月１００時間が過労死と認定される基準の１つとなっています。過労死ラインについては「脳・心臓疾患の認定基準に関する専門検討会報告書」（平成13年11月厚生労働省発出）に示されており、次の2点を根拠としています。

1つめの根拠は平均的な生活時間の整理です。報告書の「労働者の『1日の生活時間』」によると、1日の生活時間は睡眠時間7.4時間、食事等5.3時間、仕事9.0時間、余暇2.3時間と整理されています。なお、食事等の時間には通勤の時間が含まれており、仕事には休憩1時間が含まれています。統計は総務庁（当時）の「平成８年社会生活基本調査報告」とＮＨＫの「２０００年国民生活時間調査報告書」が元になっています。

2つめは睡眠時間と脳・心臓疾患の発生率との関係です。複数の調査研究をまとめた結果、長期間にわたる1日4~6時間以下の睡眠が続くと、睡眠不足で脳・心臓疾患の有病率や死亡率を高めると報告されています。

以上の2点から、1日4~6時間の睡眠が確保できない状態とは、1日5時間程度の時間外労働を行った場合であると結論づけられます。これが1か月継続した状態こそが、概ね『１００時間を超える時間外労働』に該当すると想定され、過労死ラインの基準とされました。

時間外労働１００時間は健康障害原因の１つ

時間外労働１００時間の基準はあくまでも前記を根拠としたものであり、健康障害を引き起こすのは労働時間以外にも、不摂生な生活習慣、基礎疾患のコントロール不良等様々な原因が存在します。時間外労働１００時間はその中の１つでしかありません。

月に20日勤務し、1日5時間の時間外労働を行った場合、（図１）の①の

図 1：（考察）長時間労働に関する労災認定基準について 『脳・心臓疾患の認定基準に関する専門検討会報告書』より

① 労働者の1日の生活時間

睡眠　7.4	食事等　5.3	仕事（1 時間休憩含む）9.0	余暇 2.3

※　（総務庁「平成８年社会生活基本調査報告）、（（財）日本放送協会「2000 年国民生活時間調査報告書」）

② 1日5時間以下の睡眠は、脳・心臓疾患の発症との関連において有意にリスクを向上させる。

①と②より
1日5時間程度の睡眠が確保できない状態は、1日5時間程度の時間外労働を行った場合に相当し、これが1か月継続した状態は、おおむね 100 時間を超える時間外労働が想定される。
1日6時間程度の睡眠が確保できない状態は、1日4時間程度の時間外労働を行った場合に相当し、これが1か月継続した状態は、おおむね 80 時間を超える時間外労働が想定される。
従って、100 時間と 80 時間の時間外労働が、評価の目安として示されている。

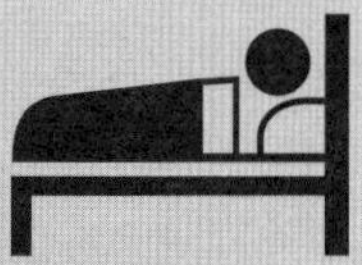

時間外労働を１日５時間行った場合のイメージ

睡眠　4.7	仕事 2.7	食事等　5.3	仕事（1 時間休憩含む）9.0	仕事 2.3

整理によると、余暇（2.3時間）、睡眠時間（2.7時間）を時間外労働に充てた計算になります。しかし、通勤時間が短い場合は、食事等の時間を時間外労働に充てることができるため、睡眠時間を7時間確保したまま、時間外労働１００時間以上を行うことができる従業員もいます。

また、労働日数は、脳・心臓疾患の認定基準に関する専門検討会報告書では1ヶ月20日を想定していますが、労働基準法に基づいて最大27日労働日数（暦日31日の月に、週休1日を取得させた場合、27日の労働日数となる。）が確保することができます。時間外労働を適切に振り分けた場合は、睡眠時間を7時間確保したまま、時間外労働１００時間以上を行うことができます。

このように、睡眠時間を7時間確保しつつ、時間外労働が１００時間以上となることはありえます。

基準を遵守しさえすれば従業員の過労死を防止できるということではなく、むしろそれぞれの現場に即した柔軟な配慮が必要であると考えられます。

衛生委員会も活用できる

「労働時間等設定改善委員会」とは、『労働時間等の設定の改善に関する特別措置法』（平成４年法律第 90 号）の６条で「労働時間等の設定の改善を図るための措置その他労働時間等の設定の改善に関する事項を調査審議し，事業主に対し意見を述べることを目的とする（後略）委員会」と規定されています。

また、平成 18 年４月１日施行「労働時間等の設定の改善に関する特別措置法」において、既存の衛生委員会の活用について規定されています。

同法律４　労働時間等設定改善実施体制の整備 -（４）「衛生委員会の活用」において、「法第７条第２項により、衛生委員会を労働時間等設定改善委員会とみなすための要件は次のとおり」とあり、要件を満たした衛生委員会を労働時間等設定改善委員会とみなすことができると規定されています。

健康障害を防ぐには

もちろん時間外労働は健康障害の原因であるため適宜見直しが必要ですが、従業員の過労死防止対策は複数のアプローチによって行うべきです。

具体的対策としては、以下の2点があげられます。

1．衛生員会等で生産性の向上を議論し、労働時間の低減や業務起因性のストレスを低下させる根本的対策（1次予防）

2．時間外労働が一定時間（衛生委員会等で定めることが適切）を超えた場合に、該当従業員に産業医面談を受けさせ、産業医から経営者が配慮するべき対策について情報を得る早期発見・早期対応（2次予防）

これらの対策について、『労働時間等設定改善委員会』や衛生委員会を活用し、「利益向上」「業務負担低減」「健康の維持増進」の3つ視点でバランスを取りながら、柔軟で実効性のある取り組みを継続することが必要です。

1次予防、2次予防については、P.48に詳説しています。

従業員の過労死防止対策は、労働時間等設定改善委員会、衛生委員会等を活用し、複数のアプローチで行いましょう。

UNIT-02　働き方改革の必要性２

産業医の視点による人手不足の原因と対策

新入社員は、社会的承認欲求を企業に求めているというデータがあります。

離職の理由から人手不足を考える

労働人口の減少により人手不足が加速度的に深刻化している現在、従業員の離職を防ぐには具体的にどのような対策をとるべきでしょうか。

株式会社帝国データバンク「全国企業倒産集計」によると、人手不足を理由とした倒産が平成29年には１０６件と、１００件の大台を超えたのに続き、平成30年には１５３件と、実に前年比44.3％の増加となりました。

従業員は、どのような理由で離職するのでしょうか。離職し再雇用された人（転職入職者）が前職を辞めた理由別割合は、定年とその他理由を除き以下のようになっています。（厚生労働省「平成29年雇用動向調査結果の概要」より）

１位　「労働時間、休日等の労働条件が悪かった」男性12.4％、女性14.7％

２位　「給料等収入が少なかった」が男性11.0％、女性10.5％

３位　「職場の人間関係が好ましくなかった」男性7.2％、女性13.0％

ここで注目すべきは、３位の「職場の人間関係」が２位の「給料等の収入」とあまり差はなく、大きなウエイトを占めていることです。実際、著名な開発者が、同業他社からヘッドハンティングを受けたそうですが、その方は「大切な仲間がいるから」という理由で断りました。

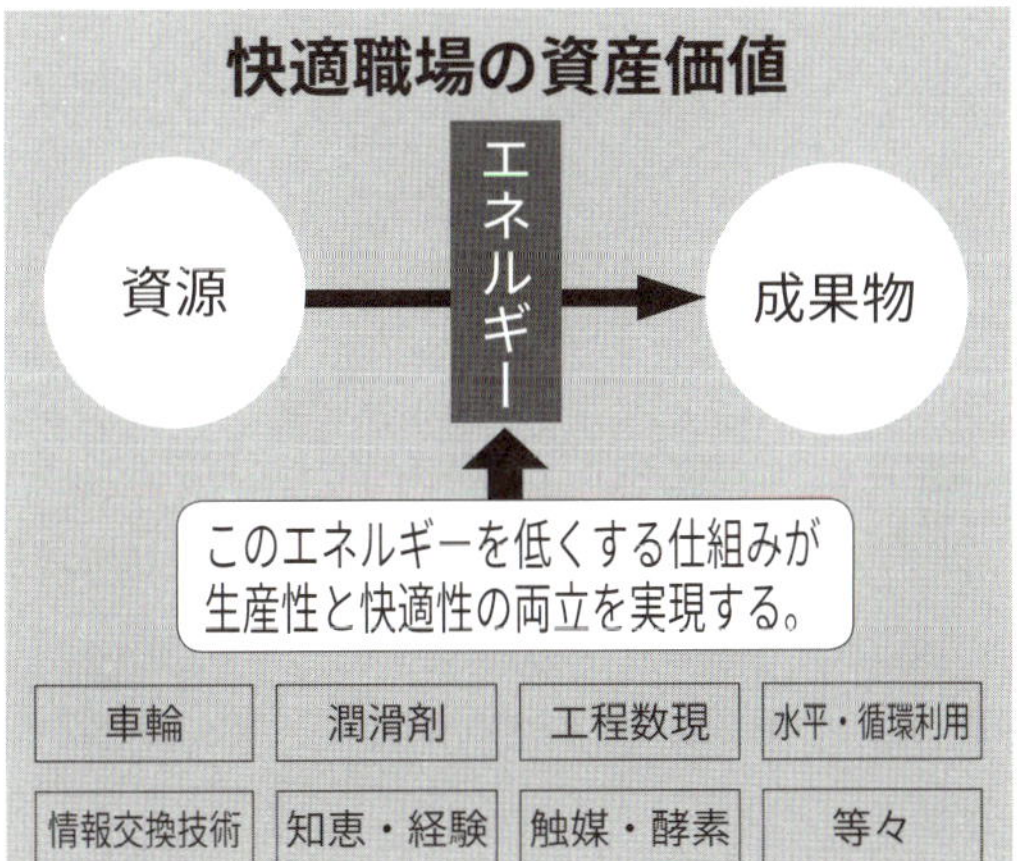
快適職場の資産価値
資源
エネルギー
成果物
このエネルギーを低くする仕組みが生産性と快適性の両立を実現する。
車輪
潤滑剤
工程数現
水平・循環利用
情報交換技術
知恵・経験
触媒・酵素
等々

就労意識：「そう思う」と「ややそう思う」を合わせた割合（%）、（）内は前年度比

1位	仕事を通じて人間関係を広げていきたい	94.1（+1.7）
2位	社会や人から感謝される仕事がしたい	92.9（+0.4）
3位	ワークライフバランスに積極的に取り組む職場で働きたい	92.6（+0.8）
4位	どこでも通用する専門技術を身につけたい	91.2（+0.6）
5位	高い役職につくために、少々の苦労はしても頑張る	79.7（-1.4）
6位	これからの時代は終身雇用ではないので会社に甘える生活はできない	76.9（-0.6）
7位	仕事をしていくうえで人間関係に不安を感じる	70.7（+4.5）
8位	仕事を生きがいとしたい	68.5（-5.1）
9位	できれば地元（自宅から通える所）で働きたい	61.9（+1.2）
10位	海外の勤務があれば行ってみたい	47.2（+4.4）

平成30年度「新入社員『働くことの意識』調査結果」（2018年6月発表　公益財団法人日本生産性本部 / 一般社団法人日本経済青年協議会調べ）

快適職場で人手不足解消を目指す

一方で、就労意識について調べた結果のベスト3は、以下の通りです。（数字は%、「そう思う」「ややそう思う」を合わせた数）

・1位「仕事を通じて人間関係を広げていきたい」94.1
・2位　社会や人から感謝される仕事がしたい 92.9
・3位　ワークライフバランスに積極的に取り組む職場で働きたい 92.6

新入社員のモチベーションと離職者の意識とでは観点が違うことを踏まえても、この2つの調査結果を『マズローの欲求5段階』（P．21参照）に照らし合わせて見てみると、安全や給料といった低次の『安全の欲求』よりさらに高次の欲求である『社会的欲求』『承認の欲求』を企業に求めていることが分かります。

これは、人手不足対策がP．22で述べた企業と従業員の「相互義務の『たすきがけ』」の視点で快適職場を形成することによって達成できることを表しています。高い給料や職場の設備等で入職者数を確保することも重要ですが、多額のコストをかけず『快適職場という資産』を形成して従業員が働きたい環境を作ることは、人手不足を避けるために今後ますます重要になってくると思われます。

『快適職場という資産』を形成して従業員が働きたい環境を作ることは、今後ますます重要になってくると思われます。

UNIT-03　良いストレスは健康職場を形成する

良いストレスの下で働くことで従業員に蓄えられる資産

ストレスには良いストレス(eustress)と悪いストレス(distrss)という考え方があります。

「良いストレス」とはどういったものか

ストレスには良いストレス（eustress）と悪いストレス（distress）という考え方があります。P．20で従業員が働く前よりも働いた後の方が快くなる「快適職場」という概念をお話ししましたが、「快適職場」を形成するには、適度な良いストレスが必要なのです。

例えば、ただボールが1つだけあったとします。それだけでも、みんなで蹴って遊べますが、すぐに飽きてきてしまいます。そこにサッカー場を作り、ルールに則ってコート内でゲームをすることで、面白さが生まれます。さらに観客の応援があれば、より高揚するでしょう。つまりある程度の「制限（＝ストレス）」をつくることで、ただのボール遊びにゲーム性が生まれ、サッカーというスポーツを楽しめるようになるのです。（良いストレスを表す逸話については、43ページのコラム

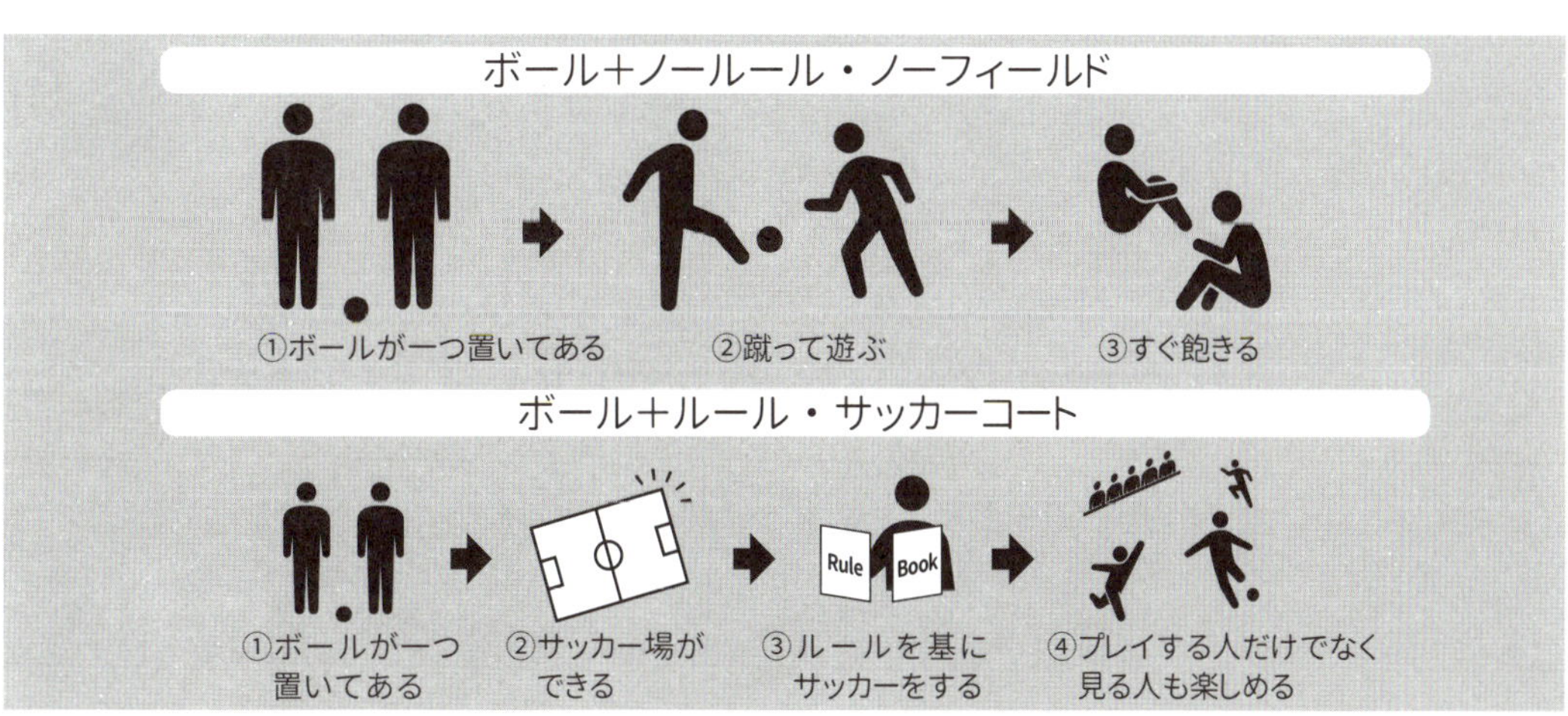
ボール＋ノールール・ノーフィールド
①ボールが一つ置いてある
②蹴って遊ぶ
③すぐ飽きる
ボール＋ルール・サッカーコート
①ボールが一つ置いてある
②サッカー場ができる
Rule
Book
③ルールを基にサッカーをする
④プレイする人だけでなく見る人も楽しめる

良いストレス（ユーストレス）	悪いストレス（ディストレス）
物事をプラスに活かせる前向きなストレス。	不快だと感じる刺激・過剰なストレス。
快いと感じる程度の制限。	我慢や強制を強いられるストレス。
将来的にプラスになり、利益になることに達成感が得られるストレス	身体的に悪影響を及ぼす、達成感が得られないストレス

にこのストーリーの全貌をご紹介しています。）

このように、乗り越えた先に達成感や充実感が得られるストレスを良いストレスといいます。快いと感じる程度の制限があり、それをプラスに活かせる前向きなストレスです。

快適職場は充実感が得られるストレスが適量ある職場

仕事には、達成目標や期限等の様々なストレスが伴います。大きすぎる目標、不合理な期限は悪いストレスとなります。しかし、達成感や充実感を得るために適しているストレスであれば、従業員は快適さを感じ、企業としては生産向上につながります。

良いストレスと悪いストレスの違いは、質と量の視点で考えるとよく分かります。

達成感や充実感が得られる業務が質の良いストレスであり、さらに業務負荷が適量であればより良いストレスになります。

一方、達成感や充実感が得られない質の不良な業務や、業務量が過多な職場、反対に過少な職場は、悪いストレスになります。さらに、悪いストレスは過剰になると、パワーハラスメント定義である「過大な要求や過小な要求」等に該当するおそれがあります。

また、誰かにとって良いストレスでも別の人には悪いストレスになることもあります。従業員が悪いストレスを感じた場合、ラインケア等につなげられる体制を整えているとよいでしょう。

企業におけるストレスが従業員に良いストレスとなっているかを、定期的に確認し整理することで、さらなる快適職場形成に繋がります。

ストレスマネジメント

企業におけるストレスが従業員に良いストレスとなっているかを、定期的に確認し整理することで、さらなる快適職場形成に繋がります。

悪いストレスは、忙しすぎる・仕事

図 1: 良いストレス（eustress）と悪いストレス（distress）

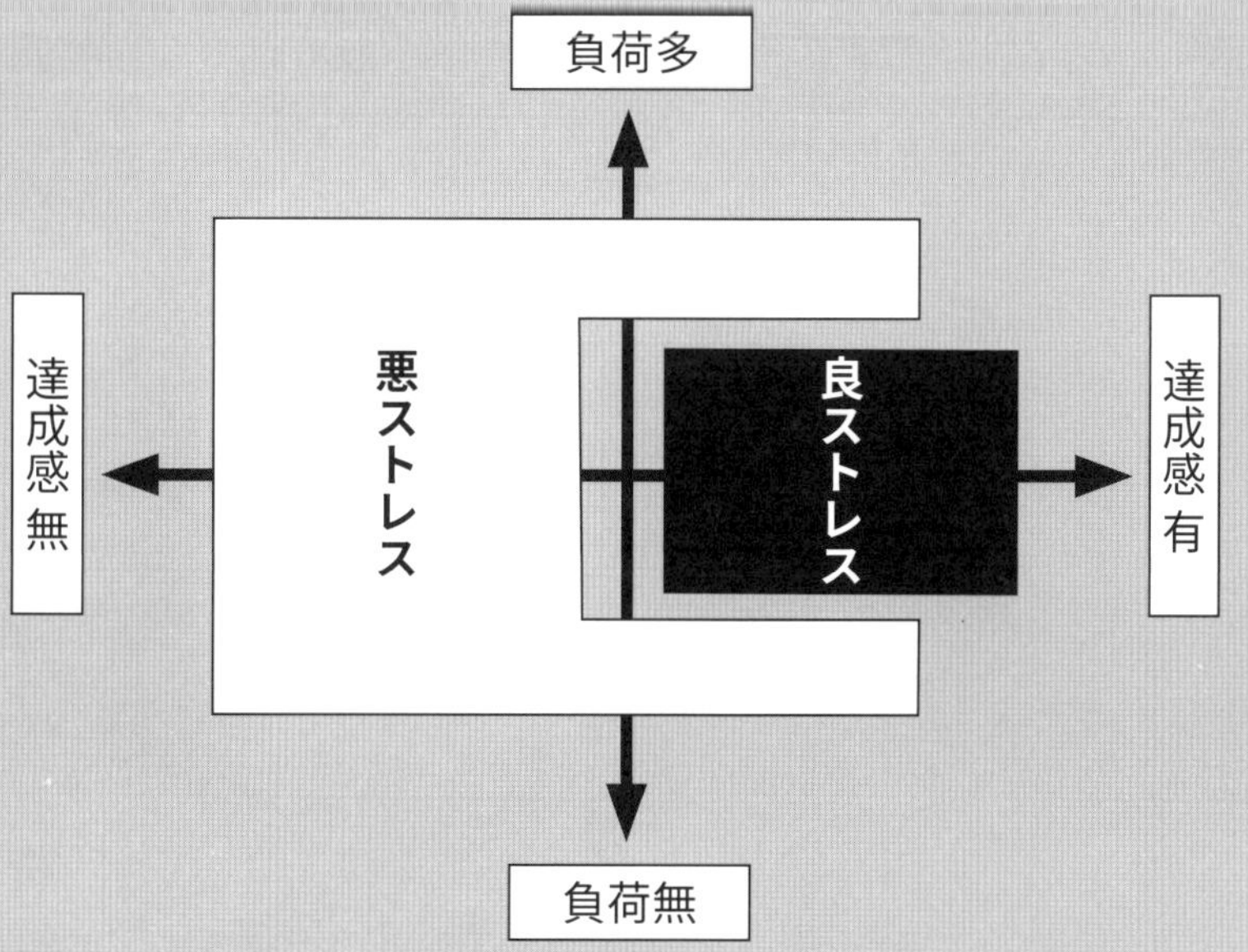
負荷多
達成感無
悪ストレス
良ストレス
達成感有
負荷無

達成感が得られる負荷が適量であるのが良いストレス（eustress）

上の図をセルフケアやラインケアのツールとして活用していただけます。

量が多すぎることでも、暇すぎる・仕事が少なすぎることでも感じます。また、職務において達成感が得られるものであるかどうかも大きく影響します。自分のストレスが、どのような種類のものをどのくらい感じているか、それを一目で理解できるのが、左の図です。

中央の矢印のクロス部分を起点に、自分がいまどの方向に、どのくらいの負荷を感じているかを定量評価できる図です。部下のストレスマネジメントが必要な上司は、この図を利用して、従業員に「自分のストレス状態は今どのあたりにあるか」を示してもらうとよいでしょう。部下も、個人的事情を過度に打ち明けることなく、負っているストレスの状態を上司に理解してもらえ、快適職場の構築に役立ちます。

職場における良いストレスとは達成感や充実感が得られる適度なストレスであることが重要です。

UNIT-04

『就職氷河期世代』の管理職の労務管理

氷河期世代の管理職を活かす方法

氷河期世代の管理職は３パターンに分けられます。

『就職氷河期世代』の管理職の今

これからの働き方について考える際に、現在働き盛りの『就職氷河期世代』を無視することはできません。

就職氷河期世代は、日本のバブル崩壊後、大規模な就職難が社会問題になった平成5年から平成17年頃までに就職活動を行った世代を指すといわれています。

この世代の採用人数が少ない企業においては、氷河期世代は前後の世代の人数の絶対数が多く、同世代が少ないため、前世代から現場の業務を少人数で引き継ぎ、さらに多人数の次の世代を管理するという立場を求められることになりました。

２０００年代には、この世代はまだ比較的若いので、職業性ストレスがかかっても体調を崩す頻度は少なかったといえます。また、体調を壊しても、当時は個人の性格や属性を現す個人的要因が大きく影響しているだけであると考えられることもありました。

しかし、２０１０年代後半以降、その年齢層が35歳から45歳となっており、企業内の人口ピラミッドが整っていないために生じる弊害が表面化し始めています。

すなわち組織環境に起因するストレスが、この疲弊した世代に深刻にのしかかってきているのです。

過酷な環境に直面している氷河期世代の健康で衛生的な職場を構築するためには、この大事な人材を生かす方法を追求しなくてはなりません。

氷河期世代の管理職にはタイプに応じた対応を

産業医として勤務してきた中で、この世代の管理職は、「作業、管理とマネジメントができる管理職」、「作業と管理までができる管理職」、「作業だけができる管理職」といったパターンに分けられ、それぞれで労働衛生的に取り組み方を変える必要があることを実感じました。管理職のタイプを見極め、適切な労務管理に活用することが大切です。

◆作業、管理とマネジメントができる管理職

このタイプは、自ら考え、判断し、動けるタイプです。企業としては自律的に収益を上げる人材と言えます。

自律的であるが故に、自ら選んで快適な職場を目指していく能力があります。現在のように雇用が流動化した社会では、快適な職場でない場合は離職してしまいます。若い時は自己研鑽の一環で、快適と感じていない職場での勤務を続けていても、一定の年齢を機に離職するということも考えられます。

対応としては、賃金と快適職場の形成を十分に行った上で、本人の求める快適職場とそこから生み出される利益を考慮し、他の従業員の快適性も向上するように、適切なマネジメント権と責任を付与することが必要です。企業によっては、部署や関連会社を立ち上げさせ、本人が快適かつ能力を十分に

氷河期世代の適正配置

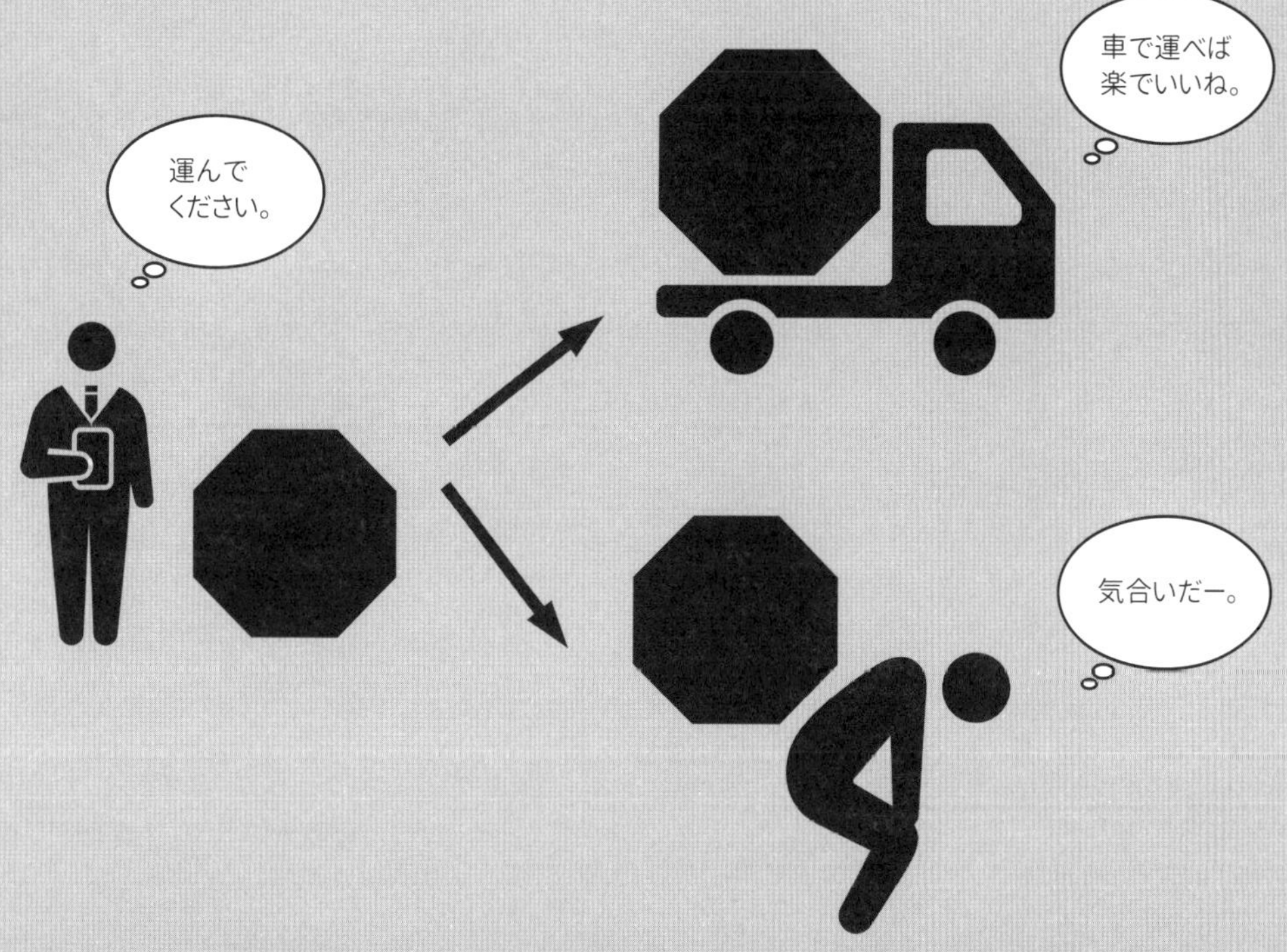
車で運べば
楽でいいね。
運んで
ください。
気合いだー。

氷河期世代のうち、能力が高い者は自らを快適職場に置き、能力の低い者は疲弊する。
どちらも不快適職場での勤務継続は困難となる。

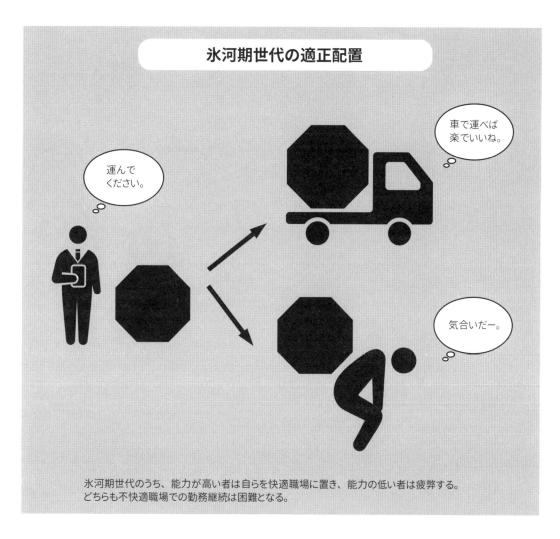

発揮できるように仕組みを構築しているところもあります。このタイプを企業内に留めるためには、投資の視点も必要になってきます。

◆作業と管理までできる管理職

このタイプは、企業の中でも代替困難な人材であることも多く、企業の収益に直接影響を与える管理職も多く見ました。同時に、労働市場において高値が付いているため、ヘッドハンター達のターゲットにされていることが多いと思われます。

従って、快適職場形成のみならず報酬の見直しも必要となると思います。企業側から賃金と快適職場を十分に提供することに加えて、その提供している価値を、本人と家族に十分に情報共有しておくことが重要です。企業が提供している賃金と快適職場について本人が理解していないと、ヘッドハンター等の付け入る隙になってしまいます。社員全体に対しては衛生委員会等を活用し、個別には上司面談等を通して伝えるとよいでしょう。

◆作業だけができる管理職

このタイプは、残業代を払う必要がないという経営上の理由で、管理職になったパターンが多いようです。しかし、管理ができない管理職であることから、以下のような課題が顕在化するようになってきています。

・部下に業務を分けることができず1人で遅くまで勤務している
・今の作業に執着が強く、生産性の改善に協力しない
・部署間の連携がとれず、縦割りでしか業務が行えない　等

管理ができない管理職が周囲に及ぼす影響は大きく、企業内の生産性を低下させ、職場の安全衛生の質を低下させるおそれがあります。そのため、収益悪化やパワハラ等の訴訟リスク上昇といったことが考えられます。

前向きな対応としては、管理職教育を徹底して行うこと（特に、管理の必要性を理解させること）が重要ですが、必要に応じて、人事上の厳しい対応をとることも必要です。

なお、このタイプには、生産性を上げて勤務時間を減らした分、新たな業務命令で仕事が増えることをおそれている者もいます。生産性を向上させることが管理職の評価向上と快適性の向上につながることを理解させることも、大事な管理職教育になります。

生産性を向上させた従業員に対しては、企業全体の視点からその努力を評価し、さらに生産性が向上した仕組みを他の従業員に水平展開させることが重要です。

氷河期世代の管理職のタイプを見極め、それぞれにあった適切な対応をとりましょう。

UNIT-05　現状に即した『報告・連絡・相談』とは

報告・連絡・相談の見直しの必要性

『報告・連絡・相談』は実際の職場環境によっては、適切に機能していない場合があります。

『報告・連絡・相談』が長く機能してきた背景

企業の中におけるコミュニケーションにおいて、『報告・連絡・相談』は重要だと言われます。しかし、実際の職場環境によっては、適切に機能していない場合があります。

産業医として従業員と面談を行っていると、上司は「部下が報告・連絡・相談をしない。」と憤っており、一方で、部下は「上司に報告・連絡・相談しているのに、叱られる。」と嘆くといった、矛盾する訴えを認めることがあります。そこで、面談で情報収集し、報告・連絡・相談が提唱された１９８０年代の時代背景との違いを考慮に入れ、現代に合わせた形で改めて取り組み行ったところ、良好な状態でコミュニケーションが機能するようになりました。

そもそも報告・連絡・相談が提唱された１９８０年代のＯＪＴ（オンザジョブトレーニング）では、「仕事は盗んで覚えろ」「後ろで黙って見ておけ」等といったように、上司や同僚といった周りにいる人の仕事のやり方を見て参考にして学ぶという視覚的指導を重視する文化がありました。

そこに、報告・連絡・相談という言葉による指導の必要性が提唱され、視覚と言葉の相乗効果によって共有がうまくいき、成果が出たと考えられます。

職場のストレスが「報・連・相」から生まれた事例

冒頭の問題が発生している現場では、情報収集の結果以下の3点が認められました。

1.『報告』の種類が整理できていない

報告は、『進捗の報告』と『結果の報告』と大きく2つに分けることができます。報告の種類が整理されていない場合は、上司は進捗の報告を求め、部下は結果の報告を行うというすれ違いとそれに伴うストレスが発生します。

2. 報告の前の「挨拶」がない

報告・連絡・相談の必要性を強調された部下が、挨拶をせずに報告を行っていました。特に、上司が別の業務に集中している場合には、報告をした行動に対して苛立つということがありました。さらにその報告が、達成度が低い結果の報告であった場合は強い怒りが部下にぶつけられ、部下は、報告したのに責められたと萎縮することになっていました。

3. 視覚的情報共有がされていない

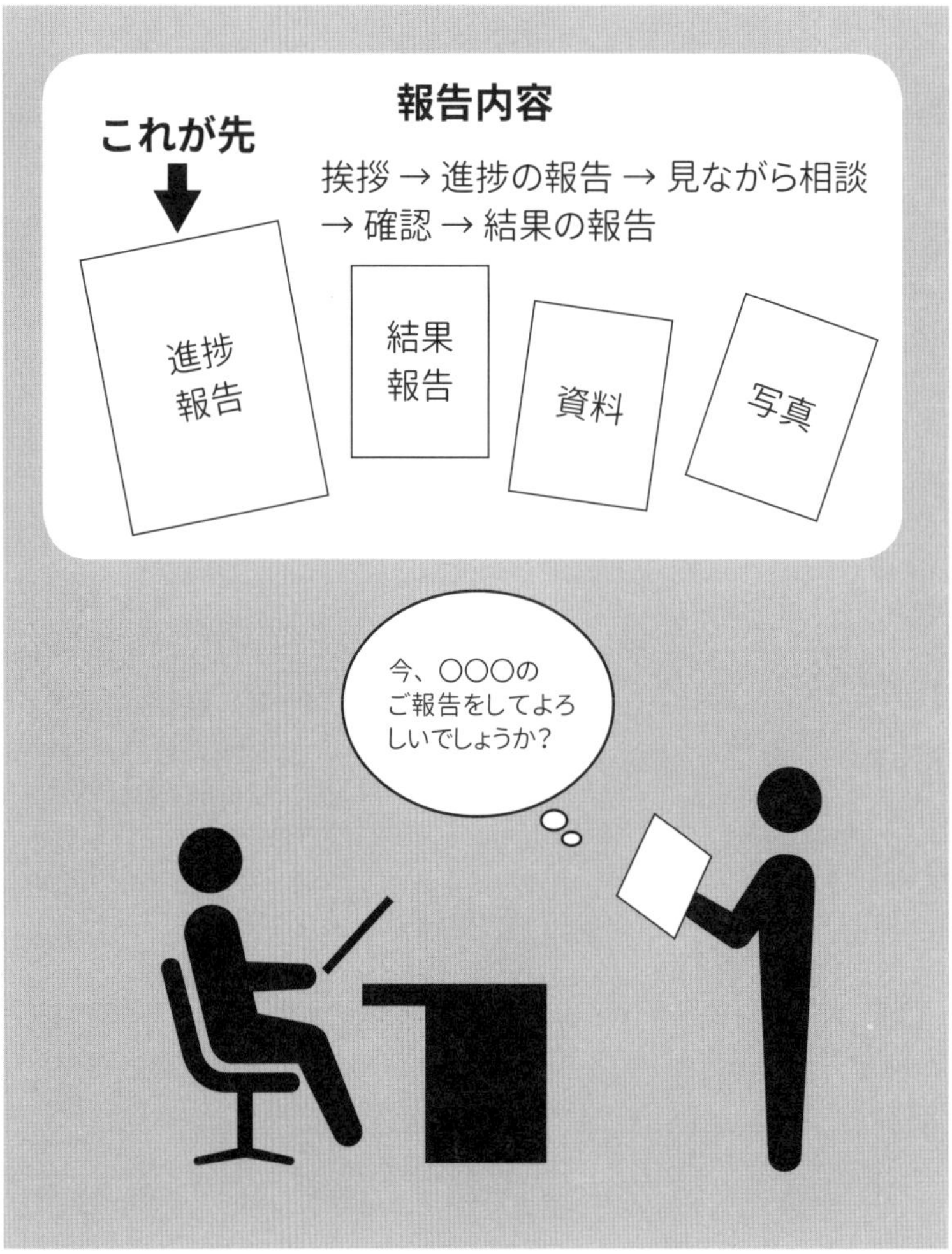
報告内容
これが先
挨拶 → 進捗の報告 → 見ながら相談 → 確認 → 結果の報告
進捗報告
結果報告
資料
写真
今、〇〇〇のご報告をしてよろしいでしょうか？

現在はシステムの高度化と機密性向上の理由で事務作業が各自のパソコンの中で進むため、かつてのように上司や先輩を見て真似ることはなかなかできません。それを補う取り組みが進んでいない場合は、外部とのコミュニケーションだけでなく、内部のやり取りについても、上司や先輩のパソコンの中を覗けない以上、部下は自分流で手探りするしかない場合もあります。

今の時代に合った報告・連絡・相談とは

報告・連絡・相談は、かつては言語的な手段として有効でした。時代に合わなくなった報告・連絡・相談を必要に応じて見直し、現状に合わせて応用することでうまく機能させることができます。その手順をご紹介します。

1. 報告は進捗から行う

「上司に報告をしたら怒られる」と訴えていた部下に対して、報告する際は、いきなり結果を報告するのではなく、全体の進捗状況をこまめに伝えるように指導しました。

これにより、進捗段階で部下の途中報告の頻度が増え、上司が業務の流れを把握しやすくなりました。さらに、上司と部下の間で情報共有がスムーズになったので、ＯＪＴの効率も向上しました。

2.「挨拶」運動の実施

職場内の人間関係に関して、ストレスが高かった部署に対して、部下から上司へ声かけをする際に、「失礼します」「ちょっといいですか？」などと一言挨拶をすることを徹底しました。すると翌年度にはストレスの改善が認められ、上司と部下との間のコミュニケーションが良くなったという評価が得られました。

3.視覚的情報を共有しながら「報告・相談」を行う

職場内で「報告・相談」する際に、上司から「君の説明は分からない」と度々言われる部下に対して、「報告・相談」をする際には、状況が分かるような写真や業務の概要を示した図、設計図等を同時に示すように指導しました。

今はスマートフォン等で状況を簡便に撮影することができますし、これにより視覚的情報を共有することができます。その結果、上司は報告内容を具体的に把握でき、視覚的指導と言語的指導を同時に行えて、ＯＪＴの効率が向上し、情報共有のスピードもアップしました。

4.実行前に「確認」を行う

報告・連絡・相談した後に、上司に確認なく業務を実行していた部下に対して、必ず上司に実行の可否を確認するように指導しました。これにより、不適切な実行が行われるリスクが低下しました。

具体的には、上司の知らないうちに危険行為が行われていたことが発覚し、作業環境の改善に繋がりました。

以上のように、報告・連絡・相談が上手くいっていない場合、教育の段階で「挨拶→進捗の報告→見ながら相談→確認→結果の報告」のフローで情報共有を行うよう指導をすることをお勧めします。

上司と部下は世代が異なることから、それぞれの常識を醸成する背景は異なります。報告・連絡・相談という一つの手段にこだわらず、様々な手段を試し、うまくいった事例を水平展開することは、労働安全衛生上、必須の取り組みといえるでしょう。

『報告・連絡・相談』という１つの手段にこだわらず、様々な手段を試すことが大事です。

UNIT-06 快適職場への取り組み

部下に『細かい』と評価される上司の仕事のやり方と対応

上司の業務に対する緻密さは、企業がもつ付加価値の1つといえます。

部下に『細かい』と感じさせる上司のタイプ

上司の業務に対する緻密さは、企業が安定して売上を伸ばすためには重要です。企業が持つ付加価値の要素の1つであるともいえます。しかし、上司の緻密さが、時に部下に対しての悪いストレスになってしまっていることがあります。

悪いストレスであると訴える部下に対して産業医面談を行った際、上司の業務に対する緻密さを『細かさ』ととらえ、不満を訴える事例が多々ありました。面談の内容を振り返り検討したところ、「上司が細かい。」と部下が評価する場合は、概ね以下のような『細かさの質』が確認ができました。

①　顧客等の視点で細かく確認する。
②　根拠を細かく確認する。
③　段取りや手順を細かく確認する。

こういった仕事のやり方を細かいとする部下の評価は、その多くが部下自身の基準と比べた相対的な評価でした。しかも、①から③のやり方は、部下にとっては乗り越えるべきストレスであることが多いので、産業医としては著しく過度でない場合、ストレス源だからといって除外しません。ストレスが良いストレスになるように、部下に対して自身が持つ細かさの基準を見直すように促し、業務量の調整と達成感が得られる目標設定等の支援をしました。

具体的には、次のような支援を行っています。

共通して行う支援

●業務量が著しく多い場合の支援

業務量が著しく多い場合は、細かさの整理をする時間的かつ思考的な余裕がありません。労働時間を確認し著しく多い場合は、セルフケアとラインケアを活用し当面の業務量の見直しや業務の効率化をするように助言します。それでも十分なケアができない場合は、産業医のケアとして、見直しが進むまで就業制限を意見することもあります。

●取り組みに優先順位を付けるように助言

上司の細かい確認の内容については、緊急性・重要性・質の向上効果等の視点で優先順位があります。上司の目的に沿った優先順位で取り組むように助言

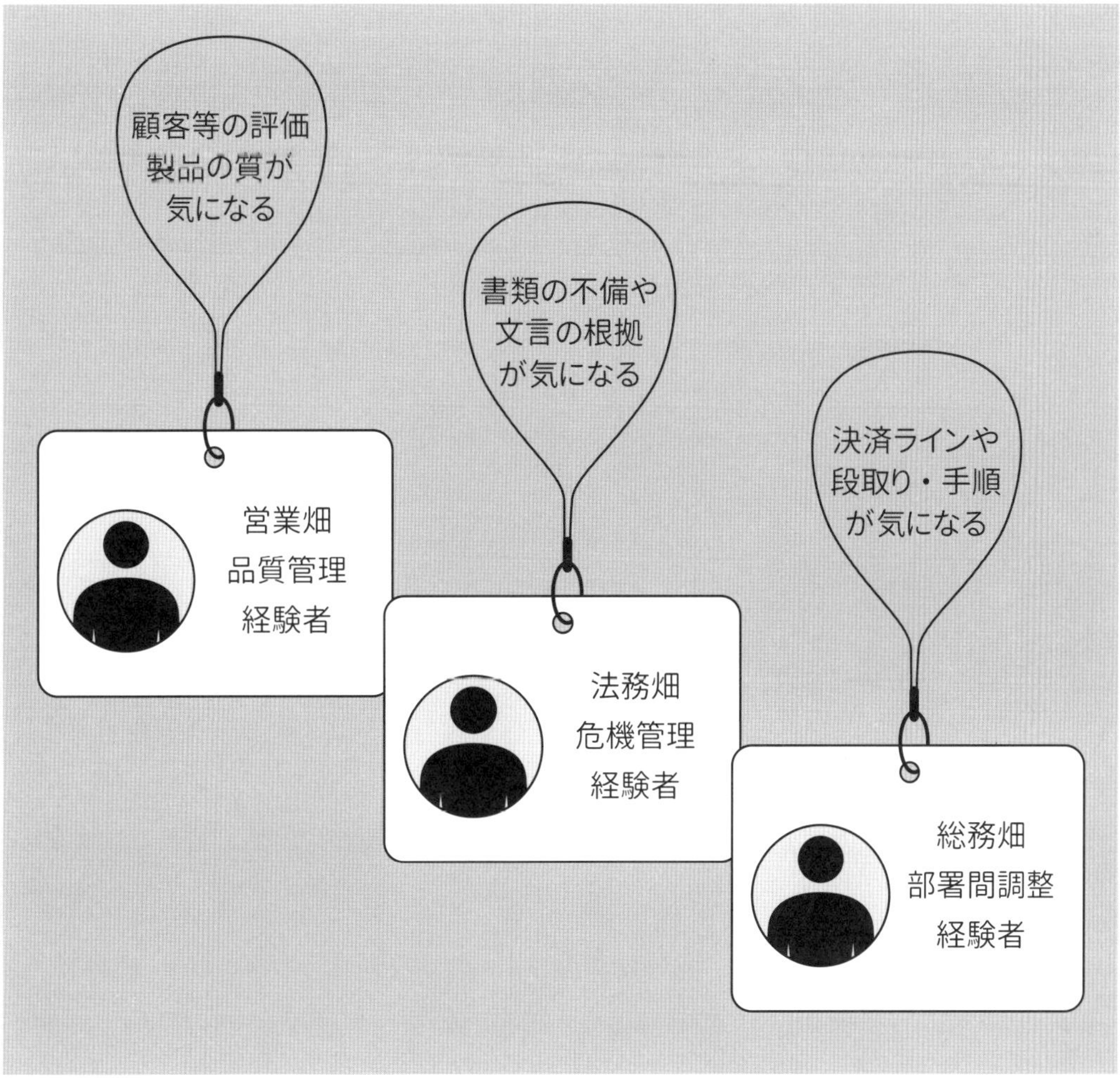

します。

●ストレスを発散する方法について助言

1つのことにこだわると持続的に負荷がかかり、最終的に気分や体調に障害が出てきてしまいます。そこで、趣味の充実や運動により休日等は業務にこだわらずストレスを発散できるように助言します。趣味が全く無いという方に対しては、休日にウォーキングや軽いランニングを行うように体を動かすことを提案しています。

●上司の細かさが適切か、さらに上位の上司に確認

上司の細かさが、企業の求める細かさより量又は質の面で過多であることがあります。そういった疑いがある場合は、上位の上司に評価をお願いし、細かさが企業が求める水準に整合するように上司に提言を行います。

細かさの質ごとに行う支援

細かさは、3種類の質ごとに上司の目標が異なるため、その目標を共有し、部下が上司と同じ目線で目標を設定できるようになれば、悪いストレスが達成感が得られる良いストレスに変化します。

特に、営業系から総務系へといった求められる業務が異なる部署間を異動した部下の場合、細かさに対するすれ違いを整理するだけで大幅な改善が認められました。

具体的には、産業医として、次の様に支援を行いました。

なお、支援の際には、部下だけでなく上司に対しても面談を行い、部下が出した案が上司の目標に沿っているかを確認する等、段階的に整理することを原則としています。

1．顧客等の視点で細かく確認するやり方への対応

顧客視点で細かく確認する上司は、営業や品質管理等の成果物を受け取った人の反応を見る機会があった職種を経験してきた上司に多いです。そこで、部下に対しては成果物の提供先を見える化してもらい、提供先が求める成果物を提供することで、良い反応が得られることをイメージしてもらうように支援します。

さらに、過去に上司が指摘した内容を整理し、成果物にはその指摘事項を落とし込むことも助言しています。

もし、過去に上司が指摘した内容が抽象的すぎる場合は、上司に対し具体的に指摘を行うように指導することもあります。

2．根拠を細かく確認するやり方への対応

根拠を細かく確認する上司は、法規や危機管理等の問題が起きた場合に会社を守る職種を経験した上司に多いです。そこで、部下に対しては根拠が持つ意味を見える化してもらい、根拠を積み上げることで完成する安定度の高い成果物をイメージしてもらうように支援します。

さらに、情報収集した際に、1次資料はファイリングやフォルダーに保存する習慣をつける事等も助言しています。

3．段取りや決裁ラインを細かく確認するやり方への対応

段取りや決裁ラインを細かく確認する上司は、人事総務や営業等の複数の部署等の間で調整対応する職種を経験してきた上司に多いです。そこで、部下に対しては段取りと決裁ラインを見える化してもらい、それぞれの担当者がどのような情報等を求めており、求められているものが適切に連鎖することで業務がスムーズに進むことをイメージしてもらうように支援します。

さらに、業務を始める前に、上司と段取りや手順を整理し、その内容を記録しておくことも助言しています。

部下が上司の細かさに合わせて、業務量の調節と達成感が得られる目標設定を行うことで、良いストレスへの変化が見込めます。

労働衛生に『良いストレス』を活用する知恵

靴屋のセールスマンの話（良いストレス編）

◎靴屋のセールスマンの話とは

靴屋のセールスマンの話は、２人のセールスマンが靴を履かない地域に営業をかける時に、１人は「ここでは誰も靴を履いていないから、開拓すれば市場を独占できる。」と判断し、もう１人は「誰も靴を履かないから売れるわけがない。」と判断する話です。

その後の話の展開としては、以下に挙げるように多くの視点で仮説が展開されるコンサルタント業界では定番の話となっています。

・市場を独占できる判断をし、44足の靴とボールを無償で提供したことで、現地の人がサッカーという楽しみを見つけ、新たな靴市場を開拓したという価値創造の視点
・売れるわけがないと速やかに判断したため、他に新しい市場を見つけられたという決断の早さが重要であるという視点
・市場としては見切りをつけ生産の視点に転換し、靴の工場を作り最低限の賃金で雇用した。結果的に、現地の人は作っている靴の価値を知らないため、適正な賃金を求められることはなかったという情報格差が待遇格差につながる視点

他にもいろいろな視点でビジネスチャンスをとらえる逸話として扱われています。この逸話を元に、『良いストレス』を説明します。

◎『良いストレス』という考え方

ストレスの中には良いストレス（eustress《ユーストレス》）という考え方がありますので、価値創造の視点を膨らますことで新しく話を作って説明させていただきます。

２人のセールスマンが靴を履かない村に営業をかける時に、Aさんは「ここは誰も靴を履いていないから、開拓すれば市場を独占できる。」と判断し、Bさんは「誰も靴を履かないから売れるわけがない。」と判断しました。

Aさんは、村人に靴とボールを無償で提供しましたが、彼らは何も行動を起こしませんでした。

見かねたAさんが靴を履きボールを蹴ってみて、「靴を履いていれば痛みを感じることなく、どこまででも自由にボールを蹴れる。」と説明すると、村人は、「それに何の意味があるのですか。」と質問をしてきました。

Aさんは、やってみれば楽しさが分かると言って、数人の青年を集めてボールを蹴らしてみましたが、誰も楽しみを感じることなく、Aさんのことを不快と感じた青年達は、Aさんを村から排除してしまいました。

その経緯を聞いたBさんは、自分の判断が正しかったと思いつつも、Aさんの取り組みで改善できることはなかったかと考えました。

しばらくしてBさんは、靴を履かない村に営業をかける際に、靴とボールに加えて、サッカーのルールブックを無償で提供しました。そして、「世の中にはサッカーというスポーツがあります。これは四角いフィールドの中でボールを奪い合い、相手のゴールにボールを入れるゲームです。」と説明しました。青年達は、ルールに従いゲームを行う中で、ボールの奪い奪われに一喜一憂し、ゴールを決めた時に歓声をあげて喜ぶようになりました。

靴を使ってボールを蹴ることに価値を見いだした村人達は靴を買うようになり、Bさんは市場を独占することできました。

この話の中で、『どこまでも自由にボールが蹴れる』というストレスが全くない状態、『楽しみを感じないのにボールを蹴ることを強いられる』という悪いストレス（distress)、『楽しみに繋がるルールという制限』という良いストレス(eustress）を例示してみました。

『ストレス』＝『悪い』という話になることがありますが、ストレスがあることで良い効果が生まれることもあり、ストレスは排除すれば良いというわけではありません。また、誰かにとって良いストレスでも別の人には悪いストレスになることもあります。職場におけるストレスを整理するときに、この話を参考としていただければと思います。

CHAPTER- 3

働き方改革を資産につなげる方法

UNIT-01　産業医の視点で見た健康管理

労働衛生が働き方改革・健康経営の根幹になる

『労働衛生』を土台として、まず体制を整備する必要があります。

「安全で衛生的な職場」や「快適職場の形成」は企業の資産

ここまで企業は利益を上げ続けなければならない存在であるという事実を踏まえ、企業を活性化する方法を考えてきました。その上で、特に現状に焦点を当てて、資産を生む快適職場にするための問題提起と解決法の提言を行ってきました。従業員の健康管理を見直すことが、なぜ企業の利益を増やすことにつながるのか、ご理解いただけたと思います。

企業が従業員の健康管理に取り組むことで健康障害による労務管理上のコストが低減し、さらに快適職場が形成されることで生産性向上が期待できるようになります。

すなわち、「安全で衛生的な職場」や「快適職場の形成」は、企業の資産であると捉えることができます。

『働き方改革』や『健康経営』の根幹は『労働衛生』

働く人の健康管理の定義について、『働き方改革』『健康経営』『ホワイト企業』等の様々な視点に基づいた定義があります。定義が一義的でないために、目的や対策が分散し、健康管理の実効性が向上せず悩んでいる経営者に多数接してきました。

『働き方改革』や健康経営等の事例が書籍やホームページで報告されていますが、その中には法令に基づかない対策でありながら良好事例として示しているものもありました。

視点が多様なために、働く人の健康管理についてそれぞれの立場で指示する人が多く、統一できないため、物事が見当違いの方向に行って「船頭多く船山に登る」ということになりがちです。

これを避けるためにも、約50年間の法令運用と実績がある『労働衛生』を

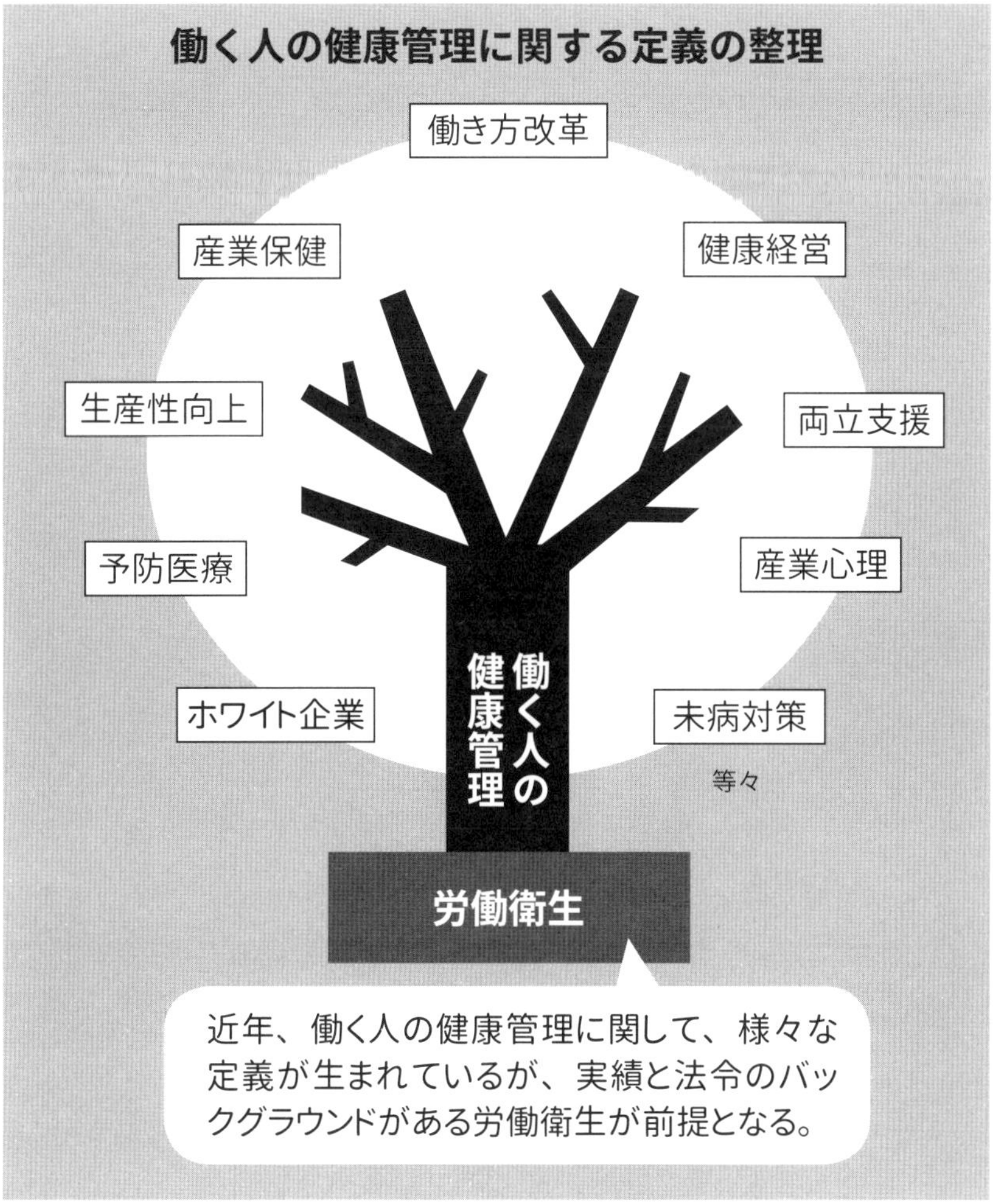

土台として、まず体制を整備する必要があります。その上で、自社の目的に合った『働き方改革』や『健康経営』等を実践していくと良いでしょう。

この【CHAPTER-3】では、生産性向上を実現するために不可欠な職場の健康障害の予防について、より現場に近い具体的な事例を交えて解説していきます。

労働衛生の取り組みを行うことで、働く人の健康管理を法令と科学に基づいて行い、従業員に培われる「技術」「経験」「人間関係」等の財産を企業が安定して享受してください。

UNIT-02

3次予防を踏まえて1次予防へ

予防は先手を打つべし

3次予防は発生後の健康障害に向けた対策、2次予防は早期発見・早期対応、1次予防は事故や健康障害が発生しない職場形成のことです。

段階の違う3種類の予防対策

企業は従業員を健康障害や災害から守り、健康を確保することを目的に、様々な予防対策をとる必要があります。ここでは、予防医学の観点から予防対策について解説します。

予防対策には3次予防、2次予防、1次予防と3つの段階があり、それぞれに実施のタイミングや効果、性質が違います。各予防対策の違いについて把握して、効果的に予防対策を活かすことをお勧めします。

◆3次予防――発生後の健康障害に向けた対策

3次予防は、従業員に健康障害が発生した後の『悪化の予防』や『再発の予防』を目的とします。外傷を負った従業員に対してその部位に負荷がかかる作業を制限したり、メンタル疾患の加療後に復職した従業員に対しては労働時間を制限する等の対応をして復帰

車両整備でイメージする予防対策

予防対策は、様々な視点で世の中に浸透しています。車の故障を事例として、3次予防から1次予防を見ていきましょう。

車両整備におけるイメージでは、3次予防は故障が発生した場合の対応になります。故障が発生したまま運転していては、正確に動かないことから壁にぶつかり新たな故障が発生するおそれがあります。故障が発生した箇所を早めに修理し、機能を回復させることで、更なる故障の発生や故障箇所の悪化を予防することができます。

2次予防は、法令に基づく車検や自動車会社の定期検査が該当します。エンジンオイルの劣化やタイヤの磨り減りといった軽度の異常を早期に改善することで、エンジンの機能を維持し、ブレーキの効きが良くなることで事故の発生を予防することができます。

1次予防は、根本的に故障の発生を予防することです。車の開発時や新たなパーツを備え付ける際に、負担が大きい部品を耐久性のある物に変えることや、無駄な構造を取り除くことで故障する確率を減少させることができます。

車の事例は、分かりやすい表現として参考としましたが、健康管理に関しては多くの取り組むべき事項があります。本事例を参考として、適切な衛生体制を整備してください。

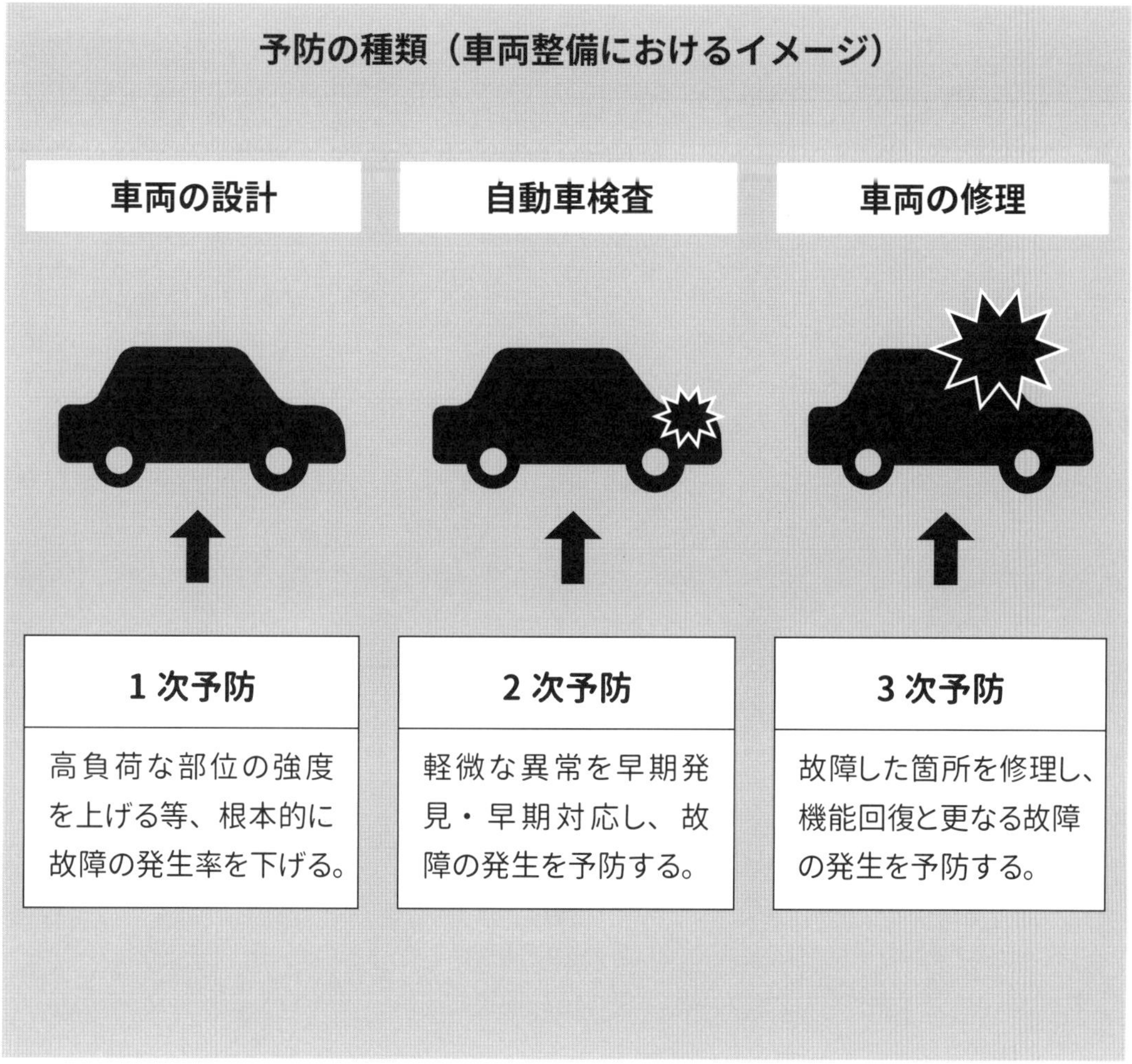
予防の種類（車両整備におけるイメージ）
車両の設計
自動車検査
車両の修理
1次予防
高負荷な部位の強度を上げる等、根本的に故障の発生率を下げる。
2次予防
軽微な異常を早期発見・早期対応し、故障の発生を予防する。
3次予防
故障した箇所を修理し、機能回復と更なる故障の発生を予防する。

を促したり、再発を防止する対策です。

3次予防の実施は、健康障害が起こった後なので取り組みの必要性を当事者全員が意識でき、周囲の協力が得られやすい利点があります。しかし、事後の個別対応であるため、医療費や従業員の欠勤等といった労務管理上のコスト負担が大きく、効果範囲も限定されることになります。

◆2次予防——早期発見・早期対応

2次予防は、早期発見、早期対応を促して重症化を防ぐための処置や指導を行い、健康障害の顕在化を防ぐことが目的です。健康診断を実施し、診断結果を元に食事指導や生活指導を行うことで疾病の発生を予防したり、ストレスチェックの結果を元に従業員のOJTを見直す等が2次予防の施策として考えられます。

2次予防は、早期に対応することで、結果的に3次予防に比べて労務管理上のコストが低減できます。

共通の環境にある一定の集団へ集中的にアプローチできるので実施効果も

大きくなるのがメリットですが、健康障害が顕在化していない時点のため、取り組みの必要性を自覚できない従業員もいるので、健康教育を徹底しましょう。

◆1次予防――事故や健康障害が発生しない快適職場

1次予防は、原因やリスク要因を除去することで、健康障害が起こらない環境などを整える、健康障害の根本的な予防対策です。さらに、現在よりも従業員の健康を向上させ、組織を活性化することも目的とします。

具体的には、危険箇所の補強・修理によりけがを引き起こす危険を減らし、工程の自動化等による従業員の体力的な負荷の軽減を実現します。さらに健康保持・増進につながる生活習慣の改善を喚起します。

さらに、作業環境におけるハザード（危険）の密封化（封じ込め施策）だけでなく、良好なコミュニケーションの醸成により精神的・社会的に健康な職場を創造することも、1次予防といえます。

1次予防は健康障害が発生していない状態での予防なのでコストが計画しやすく低く抑えられる上、職場全体にその効果を及ぼすことができます。

また、健康障害が発生しない快適職場を構築することでもあります。しかし、必要性が理解できていない従業員の反発を招くこともあるので、1次予防の必要性を企業全体に共有しておくとよいでしょう。

予防対策は衛生委員会を活用しながら

それぞれの予防に関する取り組みについて、トップダウンだけでは現場に適合した取り組みにならないことが多く、予防と生産性向上の両立が難しいのが現状です。

予防対策と生産性向上の両立を図るためには衛生委員会を活用することをお勧めします。衛生委員会では経営者側と従業員側との間で予防対策を調査審議することができ、従業員の意見を企業の行う安全衛生に関する措置に反映させることができます。

予防と生産性の両立のためには、衛生委員会を活用し、従業員の意見を企業の行う安全衛生に関する措置に反映させることが大事です。

UNIT-03

予防対策は科学的知見の積み重ね

予防対策は複数の対策を行うことで効果が大きくなる

予防対策は積み重ねでリスク低減効果が上がります。

予防対策はすぐに効果が得られるとは限らない

従業員の健康障害に関しては、事前に予防することで、万が一が発生した場合よりコストが抑えられます。さらに予防対策を講じることで、企業の生産性向上も見込めます。

予防は科学に基づいた考察で知り得た知見の積み重ねによって実現されます。職場環境においては、知見を蓄積していくことにより初めて効果的な予防対策を立てることができます。

ただし、予防対策を実施することですぐに事故や健康障害が起きなくなるということはありません。長期間かつ多面的に取り組んでいく姿勢が大切です。

一面的な対策では予防効果は限られる

では予防対策ではどんな取り組みをしていくかについて考えていきます。

例えば、残業時間の管理について見てみると、残業時間の管理をしたからといって、従業員に健康障害が発生しなくなるとは限りません。仮に時間外労働を完全に禁止したとしても、職場の人間関係や業務内容に関するストレスにより体調を崩す人も出てくる可能性があります。

つまり、健康障害や事故の原因は多面的であるので、何らかの対策をしたからといって予防効果が100％得られるとは考えにくいのです。

予防対策の積み重ねで大きなリスク低減効果があがる

予防対策に関しては、たとえば「残業時間管理」「健康教育」「生産効率の向上」「社内外のケア」の4つの施策について考えてみましょう。

まず、時間外労働を月100時間に抑え、充分な睡眠と休息を取れるような残業時間管理、健康に対する意識向上のために健康教育、生産効率を上げるための設備投資、さらに社内外からのケアができるような対策、という4つの施策について、バランスよく取り組んだ場合を考えてみます。

この1つ1つの取り組みが4分の1ずつリスクを下げたとしたら、0.75×0.75×0.75×0.75（×100）＝31.6％と、68.4％ものリスク低減効果が得られることになります。

このように、全体のリスクが下がることで企業の労務管理上の負担が低減します。予防対策は日々積み重ねていくことで初めて効果が出ると考えて、長期的かつ多面的に取り組んでください。

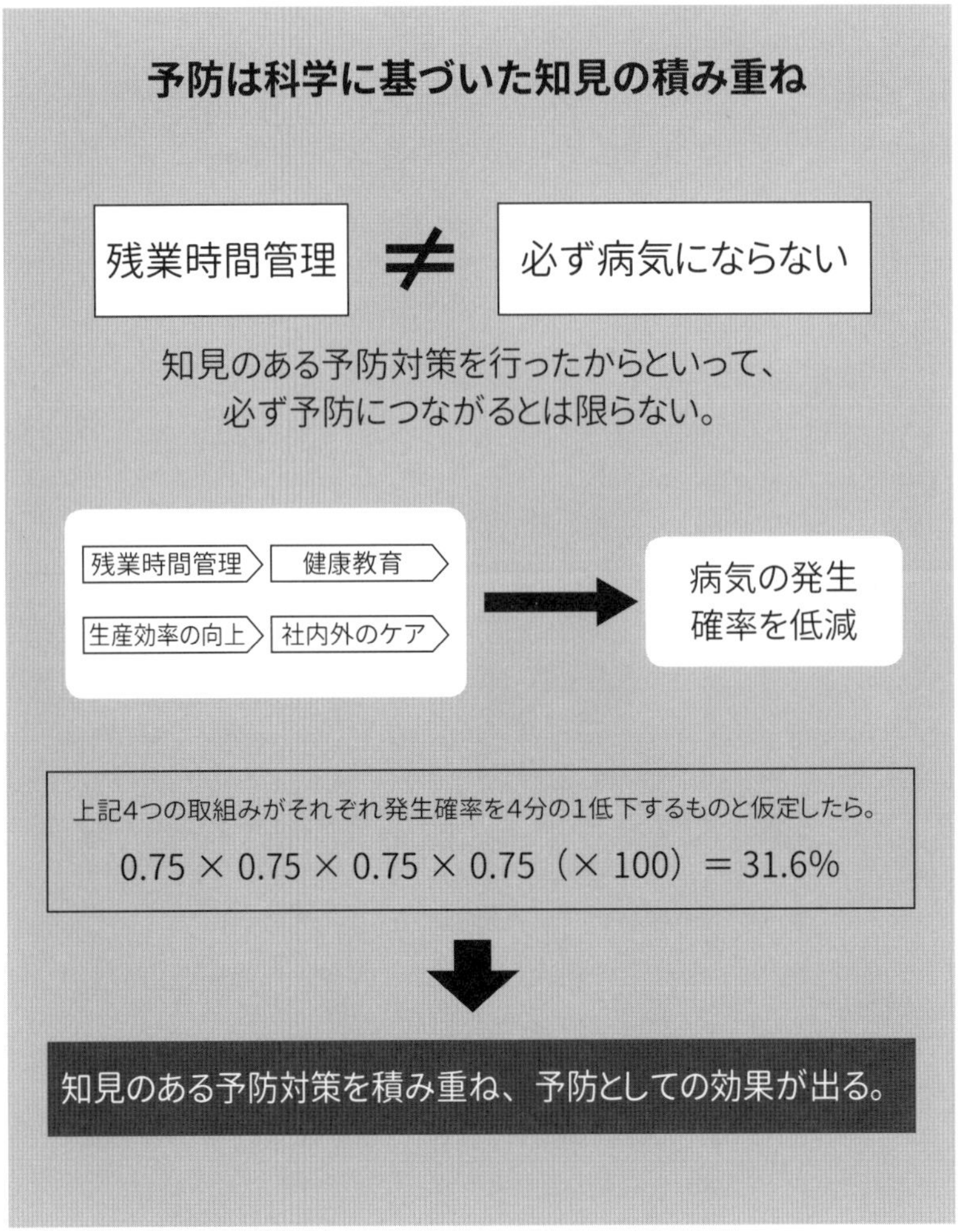
予防は科学に基づいた知見の積み重ね
残業時間管理
≠
必ず病気にならない
知見のある予防対策を行ったからといって、必ず予防につながるとは限らない。
残業時間管理
健康教育
生産効率の向上
社内外のケア
病気の発生確率を低減
上記4つの取組みがそれぞれ発生確率を4分の1低下するものと仮定したら。
0.75 × 0.75 × 0.75 × 0.75（× 100）＝ 31.6%
知見のある予防対策を積み重ね、予防としての効果が出る。

予防対策は、長期的かつ多面的に取り組んでください。

UNIT-04　ストレスチェックの活用

ストレスチェックの目的は1次予防

ストレスが適切な量であるかチェックすることは、1次予防につながります。

ストレスチェックは1次予防

前項でもご紹介しましたが、従業員の健康障害を未然に予防することは、従業員のみならず経営者にとっても業務を安定して遂行できるというメリットがあります。特に1次予防を重視して実施することで、問題発生時の対応コストが大きくなるリスクを軽減させることができます。

ここでは、1次予防としてメンタルヘルスの不調をあらかじめ把握できる「ストレスチェック」についてお話しします。ストレスチェックは、ストレス状態を判定するためのマークシート式の検査です。この検査はメンタル面の病気にかかる前に行う処置や指導を行うことができ、簡便なので、全従業員を対象に広く実施することができます。「労働安全衛生法」において、経営者はすべての従業員に対して実施することが義務付けられています（50人未満の事業所に対しては努力義務）。

このチェックの結果を活用し、4つのケア（『従業員自身によるセルフケア』、『上司等のラインケア』、『企業内産業保健スタッフによるケア』、『企業外健康管理資源によるケア』P．24参照）を機能させることで、1次予防の取り組みとし、また従業員に4つのケアについて充分な教育を行うことも大切です。

1次予防対策が第一

ストレスチェックが実施されたら、その結果は医師または調査機関から従業員に直接通知されます。1次予防として、この結果を元に従業員は自身の業務負担を見直したり、上司や同僚に業務の効率化を相談するセルフケアを行う必要があります。また、上司に支援を求めるラインケアや専門家に相談する企業内外のケアも活用し、生産性と健康の維持向上を両立することが重要です。

また、経営者には医師等から集団ごとの分析結果が報告されます。この結果をふまえて、衛生委員会で改善策を協議する必要があります。衛生委員会を行う際には、産業医も交えて1次予防の視点で根本的な解決策を議論することが重要です。

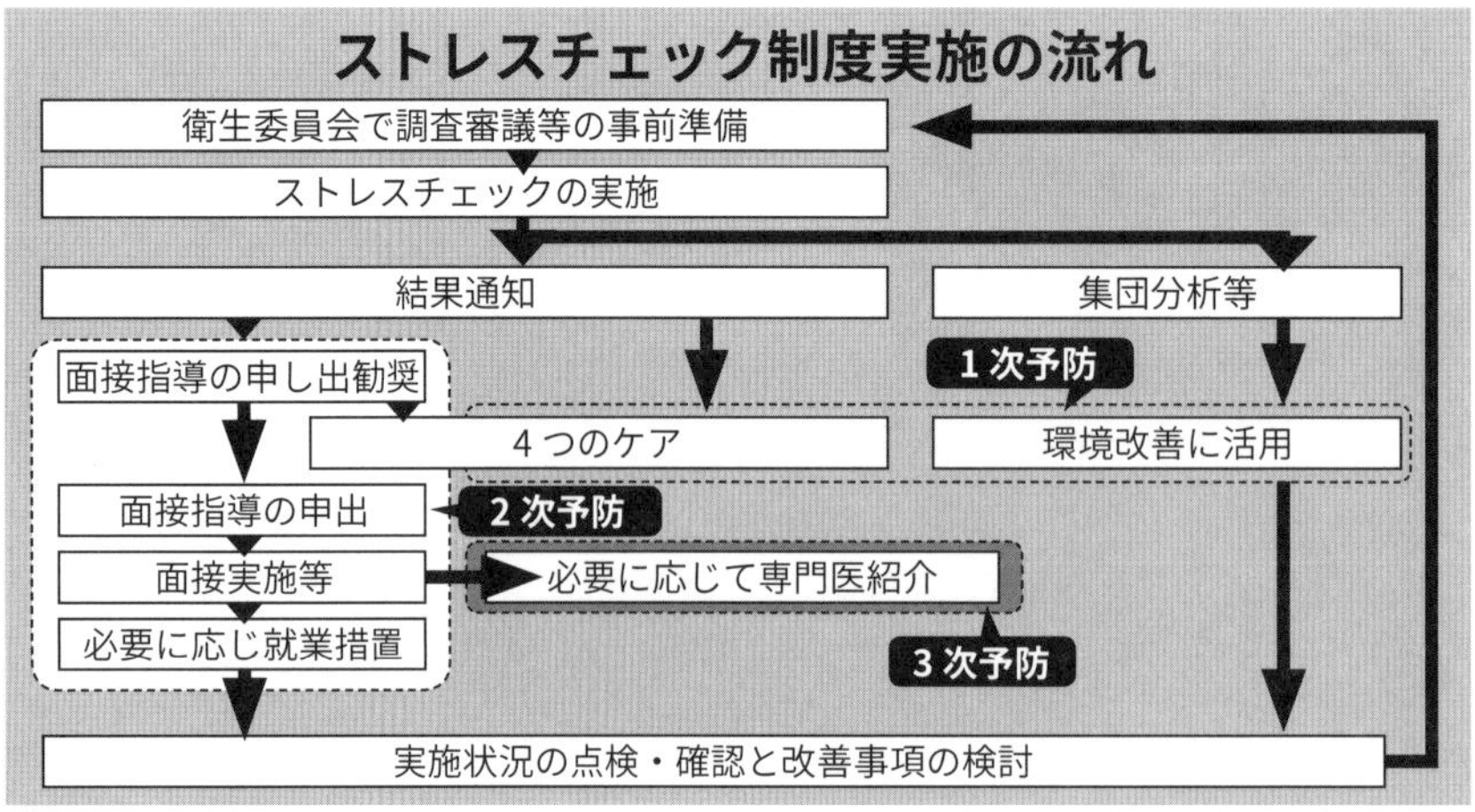

なお、ストレスチェックの結果、面接指導が必要とされた従業員から面接の申し出があった場合、経営者が従業員に医師面談を受けさせる義務は、早期発見・早期対応の2次予防の段階になります。1次予防対策で対応しきれなかった従業員に対するセーフティネットとなります。

なぜ1次予防でストレスチェックをするのか

ストレスについては、多くの従業員の場合、達成感があるストレスが適切な量であるかを確認することで、良いストレスと悪いストレスのどちらであるかを確認することができます。従って、日々の業務に達成感を感じていないのであれば、上司と協議して目標を整理すればよく、量が多いのであれば、上司や同僚と相談して業務の低減を行うことで、比較的容易に対策をとることができます。従って、ストレスチェックによる1次予防は、低コストで波及効果が大きいため、経営者の生産性向上に資するものになります。

一部のストレスの整理が難しい従業員については、専門家の支援が必要となりますし、その中でも著しく悪いストレスを感じている従業員は法令に基づき医師面談が必要となります。この場合、一部の従業員に対してのアプローチになるので、波及効果が少ないことから、生産性向上の効果は低いといえます。

UNIT-05　メンタルヘルスに対する3次予防

『疾病と就業の両立支援』と『復職支援プログラム』

メンタル疾患に罹患した後の3次予防については、『治療と就業の両立支援』と『復職支援プログラム』が該当します。

メンタルヘルスに関する3次予防

ストレスチェックの取り組みは、メンタルヘルスに関する1次予防から2次予防を包括しますが、メンタル疾患に罹患した後の3次予防については、『復職支援プログラム』と『治療と就業の両立支援』が該当します。

治療を受けている従業員の症状や治療状況を主治医から情報を得て、適正配置等の支援を行い、疾病の悪化の予防と再発防止に取り組むことを治療と就業の両立支援といい、メンタル疾患を発病し休業した従業員に対して、治療に専念した後に休業中から復職後まで長期的な視野で、段階的に業務負担等を上げる計画を復職支援プログラムといいます。

なお、具体的な内容については、ストレスチェックの取り組みと同様に、衛生委員会で調査審議を行うことが重要です。

治療と就業の両立支援

メンタル疾患については、多くの場合、治療により業務が行える状態を維持することができます。しかし、業務の負担による疾病の悪化は避ける必要があります。

そこで、経営者は産業医等の専門家と従業員を面談させ、就業上の配慮が必要かの意見を聴取する必要があります。

なお、産業医等の専門家は、健康管理に専念する主治医の意見と、業務達成による成果の享受を目的とする経営者側の意見のうち、合理的に適正な評価が行える者である必要があります。主治医と経営者側の担当者が直接やり取りを行い、主治医の意見のみが通った事例では、従業員の負担は減少したものの、達成感が得られない業務に就くことになり、従業員が大きな不利益を被ることになりました。

復職支援プログラム

復職支援プログラムには、５段階のステップがあり、それぞれに対応が異なります。

●第１ステップ　病気休業開始及び休業中のケア

メンタル疾患を発病し、休業を開始した段階は、主治医が業務という負担に耐えられる健康状態ではないと判断し、厳重な治療が必要となる段階になります。経営者は、従業員が安心して治療に専念できるように、経済的な保障や休業の最長期間等について情報提供を行うとよいでしょう。

なお、主治医の許可の元、定期的な経過観察を行う場合は、従業員の訴えに対する傾聴と前回の経過観察時の状態からの変化を確認することに留めておくことがよいでしょう。

●第２ステップ　主治医による職場復帰可能の判断

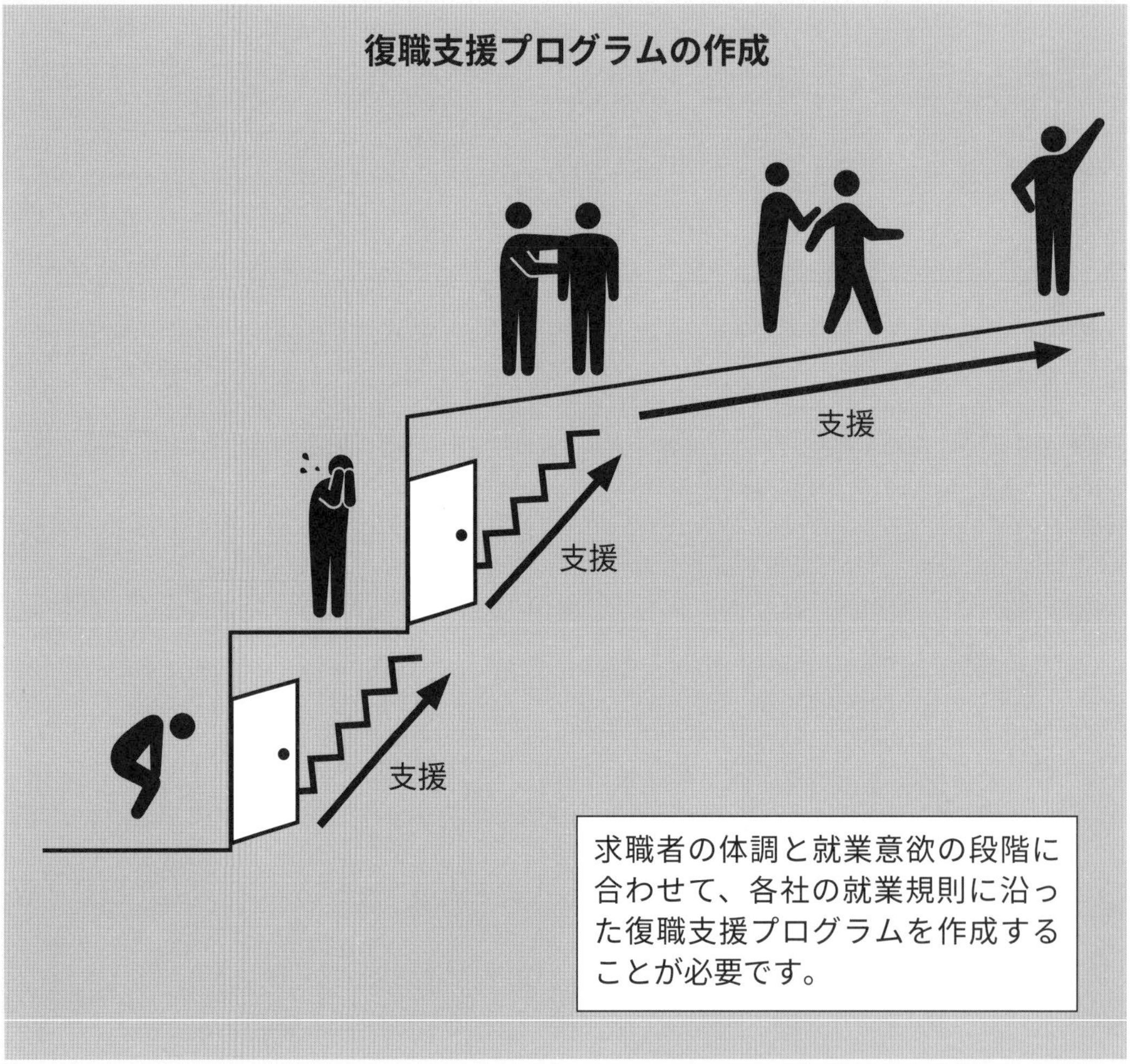
復職支援プログラムの作成
支援
支援
支援
求職者の体調と就業意欲の段階に合わせて、各社の就業規則に沿った復職支援プログラムを作成することが必要です。

健康状態が回復し、主治医が業務という負担に耐えられると判断した段階になります。ただし、主治医は業務に関して主体的に情報を得る手段がないため、従業員が労働契約に基づく業務に耐えられるかはこの時点では不明です。

経営者は従業員に対して、労働契約に基づく業務に耐えられるかの客観的な記録を作成するように求め、必要に応じて主治医の意見を確認することが必要となります。

●第３ステップ　職場復帰の可否の判断及び復職支援プランの作成

職場復帰の可否については、生活リズムが安定していること、休業に至った原因に対して再発防止対策が立案されていること、業務類似の課題を達成したこと等を元に、原則、産業医が評価を行います。さらに、復帰後の職場で行う業務を事前に情報共有し、適切なセルフケア及びラインケアに活かすために、時系列に沿って具体的な業務とその達成目標を記載した復職支援プランの作成を行うことが必要です。

なお、復帰後の職場は、新たな人間関係の構築と新たな業務の習得に関わる負荷を最小限とするため、休業前の職場への復帰が原則となります。

●第４ステップ　最終的な職場復帰の決定

従業員が職場復帰後に見込まれる負担を乗り越えるために、休業前に行える準備を全て整えた後に、最終確認を行う段階です。従業員の就業意欲、主治医や産業医の意見、復職支援プランの内容等を、職場復帰に関わる関係者で共有し、経営者が最終決定を行います。特に、情報のすれ違いは、将来的なトラブルの原因になります。十分な確認と記録を残すことが重要です。

●第５ステップ　職場復帰後のフォローアップ

職場復帰後は、業務による負担がある中で、悪化の予防と再発防止を徹底するために、復職支援プランに基づく評価と経過観察が重要になります。復職支援プランの内容が想定した負担と異なる場合は、適宜見直しをすることも必要です。

従業員の体調には波があり、業務による負担にも波があります。従業員の体調が悪化し、業務の負担が増加した際に、再発のリスクが高くなります。休業中に作成した再発防止対策を活用し、継続した勤務を行うことが重要です。

復職支援プログラムには第１ステップから第５ステップまであり、悪化の予防と再発防止を徹底するために、復職支援プランに基づく評価と経過観察が重要になります。

UNIT-06　長期休業からの復職の事例

外部機関も活用した、繰り返す休業からの復職

繰り返す長期休業には、外部リワーク施設で行っていた取り組みを採用することで事態が好転しました。

何度も繰り返す長期休業を解決

ある従業員は、2010年台後半より遅刻するようになり、徐々に勤怠不良が悪化して『抑うつ神経症』の診断で長期休業になりました。本人によると、仕事が忙しくなり主要な業務が重なると、マルチタスクへの対応が困難となり、帰宅後や休日も仕事が頭から離れず心身の疲労が蓄積していたということでした。

休業3ヶ月後より自宅で復職準備を開始しましたが、支援をする中で、複数のことを同時に行うことが苦手なので、集中して仕事をするためにマルチタスクを負わないという対策を提案しました。

復職準備を始めて2ヶ月後に職場復帰しましたが、家庭の問題と仕事のマルチタスクとなり、再度の長期休業となりました。追加の復職準備を行い、3ヶ月後に2回目の職場復帰となりました。

しかし、復帰はしたものの、風邪、眩暈、吐き気等の体調不良を理由とした短期の休業が続き、人事から労務管理上の説明と指導を行いましたが改善は乏しく、半年後に3回目の長期休業となったのです。

外部リワーク施設の活用で事態が変わる

この時点で、主治医から復職準備可能の意見を確認した後に、復職に向けたウォーミングアップをしてくれる外部リワーク支援施設の利用を勧めました。まずは利用体験をして、3ヶ月後から本格利用を開始しました。

外部リワーク支援施設の利用開始後は、過去の経緯でも認められたマルチタスクへの対応が困難との指摘を、専門家によって受けました。主治医からも注意欠陥がある旨が意見されていましたが、個別具体的な対策については示されることはありませんでした。

そこで、外部リワーク支援施設で行っていた『過去の振り返りと対策の検討』、『グループワーク』、『ストレスサインの確認方法』等の取り組みを採用することにしました。本人の話を傾聴して、マルチタスクへの対策を探し出すための支援を行いました。

その結果、自らマルチタスクを整理

する手法を思いつき、復職準備の中で実践することができました。さらに、復職前の報告会では、復職準備で行った取り組みを文書にまとめ、順序を追って説明できるようになっていました。

外部リワーク支援施設利用後3ヶ月で3回目の職場復帰となりました。その後、電車遅延等の理由で遅刻が数回認められたものの、業務におけるパフォーマンスは休業前より高く、職場復帰後3ヶ月目には、マルチタスクでの業務対応に面白さを感じるまでになったのです。

復帰過程に関する考察

治療に当たっては、健康を維持増進するために心身の負担を最小限にする必要があります。従って、本人が負担と感じている課題から、まずは距離を取ることが治療に有効であると言われています。しかし、課題から距離を取るだけでは、一時的に体調は改善しても、再発するリスクは高いままであり、継続的な勤務にはつながりません。従業員が健康を維持増進しながら快適に働けるように、課題から距離をとる視点と課題解決の視点の2軸で対策を検討することが重要です。

そこで、課題解決につながる対策を面談の中から掘り下げて探り、本人が主体的に実行できるように支援を行うことが必要となります。この事例では、外部リワーク支援機関を活用しましたが、その他には業務に類似した課題としてビジネス書などの要約をする方法や、過去の業務の良好事例をまとめるといった方法もあります。

なお、本事例では、利用した外部リワーク支援機関でのプログラムが充実していたことから、『振り返り』の中から本人が自分で対策に気づくことができ、スムーズに進めることができました。質の高い外部機関と連携することで、相乗効果により高いパフォーマンスが発揮されたといえます。事業の安定継続のためにも、外部機関の選定は特に注意が必要です。

労働衛生の外部機関

医療機関	労働基準監督署	産業保健総合支援センター
日本医師会	産業医療事務所	労働衛生コンサルタント事務所
社会保険労務士事務所	労働衛生機関（健診機関等）等	

外部機関の利用に当たっては、経営者が主体となって取り組む必要があります。外部機関を利用する場合、以下の点に気をつけるとよいでしょう。

●外部の専門性かが十分かつ目的に沿っているか。●外部に提供できる企業内情報だけで、労働衛生の改善は行えるか。●委託した業務の結果について、『見える化』する方法が共有できているか。●情報管理は十分か。等。

質の高い外部機関と連携することで、相乗効果により高いパフォーマンスが発揮されます。事業の安定継続のためにも、外部機関の選定は特に注意が必要です。

UNIT-07　メンタル疾患の再発防止策

的確な復職準備が復職後の良好な勤怠につながる

復職後の再発防止策のためには、『4つのケア』が効果的です。

復職準備中の従業員へのフォローが大事

再発防止策は、メンタル疾患を理由に休業している従業員が復職する際に、復職後に再度休業に至る可能性を最小限にするために策定されます。

ここでご紹介する再発防止策は、従業員が復職に向けて主観的かつ客観的に考え方を整理ができているか、確認する指標となります。さらに、復職後の再発防止に『振り返りのツール』として有効に活用することができるので、ぜひお勧めします。

ここでは『うつ病・不眠症』の診断で6ヶ月程度休業していた従業員が、3ヶ月間の復職準備をする中で、再発防止策のブラッシュアップが認められた事例をご紹介します。

従業員が自ら行う再発防止策

当初、この従業員は休業に入る数年前から『不眠症』の治療を行っており、不調の訴えと勤怠不良が続いていました。時には13時出社になるような状況でしたが、管理職が疾病に遠慮して、適切な労務管理がなされていませんでした。

そこで、産業医が主治医に勤怠不良の旨を情報提供し、その結果、療養目的で長期の休業を取得することになったのです。休業開始後3ヶ月は治療に専念し、その後主治医の意見を元に復職準備を開始しました。

このケースの対処にあたり、休業中に産業保健スタッフ等の支援の元で、従業員自身でメンタル疾患とその原因についての整理をしていくようにしました。この作業と結果を産業保健スタッフ等と共有することで、従業員自身がセルフケアできるようになるとともに、上司や産業保健スタッフによるケアの内容を具体的に定めることができました。さらに再発した場合に、対策として何が不足していたかの確認を行うためのツールとしても活用できます。

具体的には、以下の点を整理することとしました。

①疾病の症状や予兆であったと考えられることについて
②疾病発生の原因について
③疾病発症前の対応について
④今後の対応について
⑤その他、主治医から注意するように言われている事　等

復職後の再休業を最小限にする復職準備

休業中の従業員に対し、最初に簡潔に書き方を説明した上で自由に対策法を書くように指導しました。

最初に書かれたものは箇条書きで記載されていましたが、機械的であいまいな表現に終始していて、勤怠不良を引き起こした具体的な問題や体調の改善に繋がる対策の記載はありませんでした。

そこで、産業保健スタッフ以外には内容を開示しないので正直な気持ちを書くようにと話し、勤怠が不良であった点を共有し、あらためて『従業員自身によるセルフケア』『上司等のラインケア』『企業内産業保健スタッフによるケア』『企業外健康管理資源によるケア』の『４つのケア』の視点で対策を考えるように指導を行いました。

再び従業員自身が取り組んだ再発防止策では、不調になった原因としての人間関係の悪さ、支援を得られていなかったこと、配置転換を希望していること等、正直な気持ちが書かれていました。しかし、本人が考えていた対策案は、職場での原因となる人物・状況から距離を取ろうとする視点で書かれていました。

そこで、距離を取るのは有効であるが、そのままでは仕事にならないということと、休業中で考える時間がある時期に、不調の原因を解決するための案を用意しておく必要があることを説明しました。

最後に書かれた再発防止策では、不調の原因のうち、自らの裁量で解決できることと、上司の支援がないと解決できないことがきちんと整理されていました。自分自身で対応することとしては、原因から距離を取る方法と合わせて、解決するための具体的方法の双方の視点がありました。さらに、上司に相談する際にも単に自分の状況のみを優先する姿勢だけでなく、妥協点も示して自らの負担を調整する案が示されていました。

本事例では、復職後に勤怠が大幅に改善し、再発のおそれなく通常の勤務に戻ることができました。

成果が出る再発防止策にするために

復職時の条件として再発防止策を書いてもらうと、試験のレポートのように一定の基準をクリアした内容のものを提出するという意識になりがちです。そのためいろいろな解釈のできる曖昧で差し障りのない表現で不調の原因や対策案が書かれてしまい、このままでは再発防止のツールとなりません。

そのような時は、特に不調の原因について、５Ｗ１Ｈを駆使し具体的に

『見える化』することが必要になります。不調の原因から距離を取る視点と解決する視点の両視点で整理させることが重要です。

対策案についても、努力することを宣誓しただけのものになることがありますが、先述の4つのケアについて説明し、その観点で考えてもらいます。自分ができることや上司に相談するべきこと、産業保健スタッフや外部資源を活用するタイミングについて整理するように指示をするとよいでしょう。

復職後の再休業を防ぐためには、こうした休業中の産業保健スタッフ等の支援が、効果を発揮します。

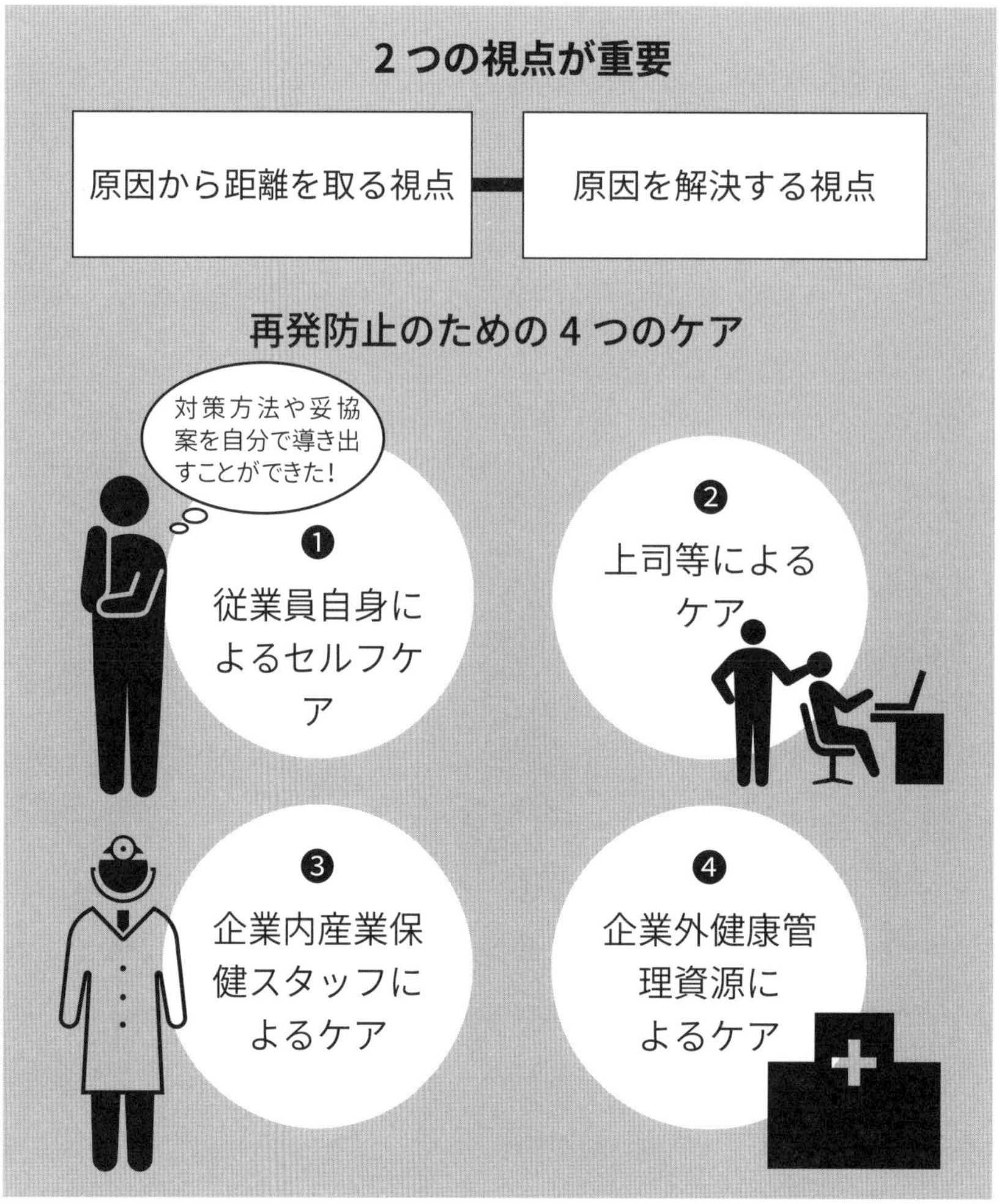

UNIT-08

健康情報の管理

健康情報を管理する際の義務と留意点

保護法第17条第2項に、健康情報の取得には本人の同意が必要であることが定められています。

健康管理情報は個人情報

『働き方改革』や『健康経営』を実践していくにあたり、従業員の健康情報は必須です。しかしこの情報は個人のプライバシーに踏み込んだ、特に配慮を要する『要配慮個人情報』ですので、取り扱いについては慎重にしなければなりません。

「個人情報保護法（以下『保護法』）」に基づいて、厚生労働省より「雇用管理に関する個人情報保護のうち健康情報を取り扱うに当たっての留意事項について」（以下『留意通達』）が出されています。その中で、健康情報を管理する『産業保健業務従事者』が定義されています。

ここでは「保護法に規定される健康情報の利用」及び「留意通達のうち、産業保健業務従事者が係る業務」について解説していきます。

保護法に規定される健康情報の利用について

保護法第17条第2項に、本人の同意なしに健康情報を含む要配慮個人情報を取得してはならないと定められています。しかし、業務の実効性を考慮に入れて法令に基づく場合や、生命等の保護のために必要であって、かつ本人の同意を得ることが困難な場合は、同意を取得する必要がないとされています。

従って、雇用管理分野における健康情報の取扱いについては、原則、労働安全衛生法令等の法令を遵守する場合に限って、同意を得ることなく個人情報を取得してもよいことになっています。

しかし、留意通達第3の2の（1）に「事業者は、法令に基づく場合を除き、労働者の健康情報を取得する場合は、あらかじめ本人の同意を得なければならない。」と示されており、健康情報の利用をする際は、どの法令にかかわる業務であるかを逐次整理する必要があります。

なお、「生命等の保護のために必要であって、本人の同意を得ることが困難な場合」については、重篤な疾病により意識消失した時等を想定しています。経営者は原則、医療の専門家ではないため、現実的には医師や消防署の救急隊等の意見を聴き判断することになるでしょう。

産業保健業務従事者の定義とは

従業員の健康情報に接することができる産業保健業務従事者とは、産業医、保健師、衛生管理者その他従業員の健康管理に関する業務に従事する者と定義されています。

従業員の健康情報の取り扱いは、本来医師や保健師等、法律で守秘義務規定が設けられている医療職種が行うべきです。しかし、現実的に困難なことから、業務の効率化のためにも、産業保健業務従事者が指定されているのです。健康情報が直接人事に影響を及ぼさないようにするために、産業保健業務従事者は人事権を持つ立場の従業員・管理職とは分離することをお勧めします。

また健康情報は、従業員の健康確保に必要な範囲で利用されるべきものであり、経営者は必要な範囲を超えてこれらの健康情報を取得したり利用してはいけません。経営者は、個人情報に接することができる担当者の定義を明確にし、把握しておくことが必要です。

留意通達のうち、産業保健業務従事者が係る業務について

留意通達のうち、産業保健業務従事者に関する業務について、表の様に概要を示します。

なお、前述のように、産業保健業務従事者であっても、本人の同意を得ないで健康情報を取得できるのは、法令に基づく場合に限ります。

健康情報は原則、産業保健業務従事者のみが取り扱いましょう。

留意通達第3の3の（1）	事業者は、健康情報のうち産業医等により加工されていない健康情報の取扱いについては、産業保健業務従事者に行わせることが望ましい。
留意通達第3の3の（2）	事業者は、産業保健業務従事者からそれ以外の者に健康情報を提供させる時は、産業保健業務従事者に適切に加工させる等の措置を講ずること。
留意通達第3の7	保護法第35条に、「個人情報の取扱いに関する苦情の適切かつ迅速な処理に努めなければならない。」とされており、この苦情を処理するための窓口については、必要に応じて産業保健業務従事者と連携を図ることができる体制を整備しておくことが望ましい。

「高度プロフェッショナル制度」と健康管理

第196回国会で「働き方改革関連法」が可決し、高度プロフェッショナル制度の創設が労働基準法第41条の2に盛り込まれました。高い専門的な能力を持った人に対して、仕事に携わった時間に対して賃金を支払うのではなく、成果に対して賃金を支払う制度です。この制度を健康管理の視点から見てみます。

高度プロフェッショナル制度の成立と注意点

高度プロフェッショナル制度とは、正式名称を「特定高度専門業務・成果型労働制」といいます。報酬は成果に対して支払われるため、労働時間、休憩、休日及び深夜の割増賃金に関する規定は適応されません。「労働基準法」の第4章「労働時間、休憩及び年次有給休暇」に関しては「この章で定める労働時間、休憩、休日及び深夜の割増賃金に関する規定は、対象労働者については適応しない。」（労働基準法第41条の2の後段）こととなりました。

しかし、それ以外の「第2章 労働契約」「第5章 安全及び衛生」「第8章 災害補償」等は引き続き適応されることに留意が必要です。つまり、高度プロフェッショナル制度を利用する経営者は、今後も安全配慮義務に基づく健康管理体制を適切に構築していくことが重要であることに変わりはないのです。

なお、労働基準法第41条の2の但し書きに、「ただし、第3号から第5号までに規定する措置のいずれかを使用者が講じていない場合は、この限りではない。」とあり、それぞれ以下のことが定められています。

- 労働者の健康管理時間を把握する措置を講じること（第3号）
- 一定の休日について与えること（第4号）

・健康管理時間や健康診断等について一定の措置を講じること（第5号）

1つでも不備がある場合は、高度プロフェッショナル制度が自動的に適応されなくなり、場合によっては過去の勤務評価に影響することもあるので要注意です。

高度プロフェッショナル制度と健康管理

高度プロフェッショナル制度に該当する従業員には、一定の時間を超えて勤務した場合は、医師の面接を受けさせる義務が定められています。労働安全衛生法第66条の8の4に、「事業者は労働基準法第41条の2第1項の規定により労働する労働者であって、その健康管理時間が当該労働者の健康の保持を考慮して厚生労働省令で定める時間を超えるものに対し」医師による面接指導を行わなければならない、とあります。

ちなみに、当初は今回の法令の改正に関して、「高度プロフェッショナル制度」は健康不安に関して強い批判を浴びることもありました。しかし、労働安全衛生法に基づき適切な健康管理の取り組みがなされていれば、法令の改正を原因として健康問題が増加するとは考えにくいです。

高度プロフェッショナル制度を利用する経営者は、労働安全衛生法に基づいた衛生管理体制の構築、健康障害を防止するための措置、快適な職場環境形成のための措置等を一層講じる必要があります。

しかし、健康管理は1つの取り組みを行ったからといって、全ての健康障害を予防できるものではありません。今後はますます複数の科学的エビデンスのある取り組みを重ね合わせ、健康障害の発生確率を下げる視点をもつようにして、着実な健康管理体制の向上に努めることが大切です。

CHAPTER- 4

働き方改革をさらなる発展につなげるために

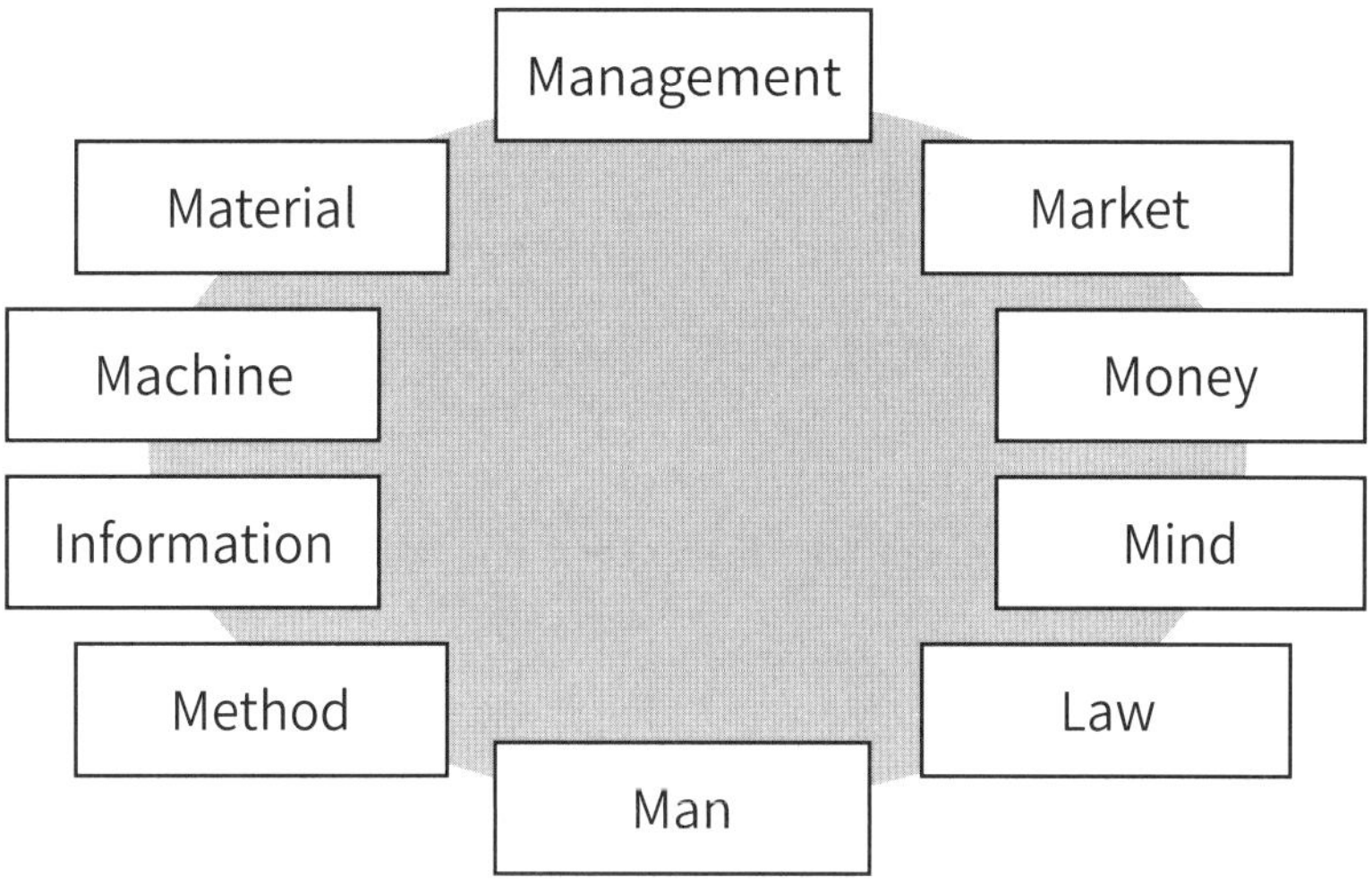

UNIT-01 産業医の視点による働き方改革

働き方改革を期に強化すべき目標を定める

目的を明確化した改革により、利益を伸ばすことが見込めます。

目標をどこに設定するか―『10の経営要素』から

企業の資産形成は、『10の経営要素』の中で何に目標を置いて強化するかに焦点を合わせて強化要素を明確にし、最後には損益計算書上でその効果を評価できるところまで落とし込む必要があります。

企業の経営要素は、図1のように10の要素に分けられるでしょう。まずは、今回の『働き方改革』を機に、自社ではどこを強化するか（あるいは補強するか）、目標を定めることです。

製造業に限らず企業では『資源』に『エネルギー』を加えることによって『成果物』が生まれます。『エネルギー』が効率よく使用されれば使用量が減るだけでなく、効率の良い現場は快適職場につながる資産にもなります。強化したい要素に関係する事例を活用することによって目的を明確化した改革は、企業の売上を伸ばし、経費の削減を行い、利益を伸ばすことになります。

事例を活用する際の考え方

法令を遵守しつついかに利益を伸ばすかについて、衛生管理の視点では図2のように『方法』『経営力』『情報』『感情』等の経営要素で特に効力を発揮します。

これらは経営要素のうち、特に『人材』に蓄積されるものです。それは従業員の経験や技術、人脈、知識、さらにはモチベーションといった企業の『資産』になります。

たとえば『Management（経営力）』の視点で、健康経営が実現したとします。その呼称は、経営要素上にはインフォメーションの成果となりますが、これが企業マインドとして企業内外に認知されると、企業内でどんどん改善が進む『Method（方法）』が自ずと出来上がります。そして、企業の文化形成につながれば、『Mind（感情）』という経営要素も向上したことになります。それは企業の大きな『資産』となります。さらに、取り組んだ関係者にも経験として蓄積されていきます。

働き方改革における衛生管理対策も、

このような発想の中で対応されていくべきです。

改革・改善と生産性向上をバランスよく達成する

「目的を明確化する」と述べましたが、経営はバランスが重要なことは言うまでもありません。

例えば機械化の導入によって生産性が向上した、という事例に着目し、『Machine（機械）』に目的を絞って予算（『Money』）を割き、ＡＩ導入やロボット化を進めても、生産に見合う『市場』規模が確保できなければ、たとえ生産性が向上したとしても経営の危機さえ招きます。さらに、人員配置や就業時間（『Man』）にゆがみが生じれば、衛生管理の問題につながってきます。すると、新たな衛生管理対策が必要になります。

このように、働き方改革を産業医の視点で見た場合、10の経営要素に対してバランスを保ちながら進める衛生管理対策によって、生み出される付加価値という資産を、企業が安定して享受することが重要と考えます。

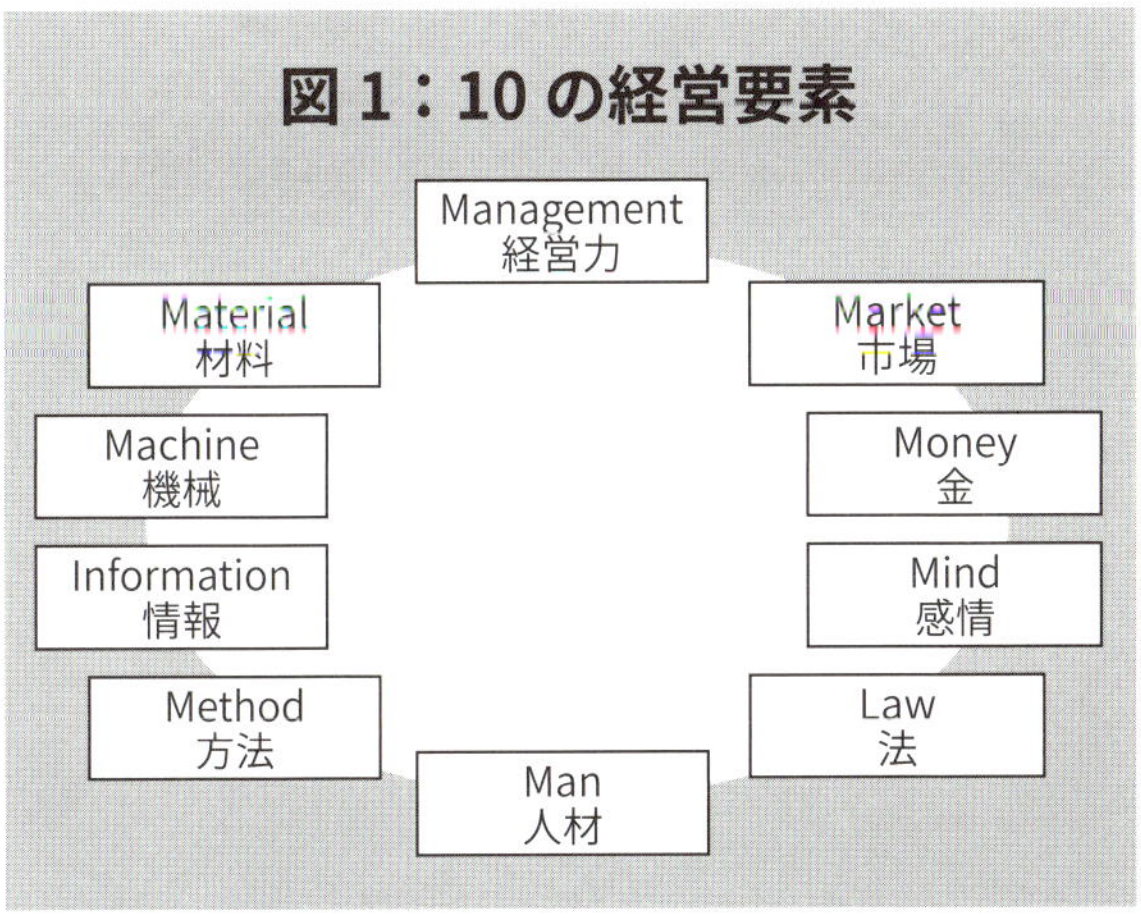
図 1：10 の経営要素
Management 経営力
Market 市場
Money 金
Mind 感情
Law 法
Man 人材
Method 方法
Information 情報
Machine 機械
Material 材料

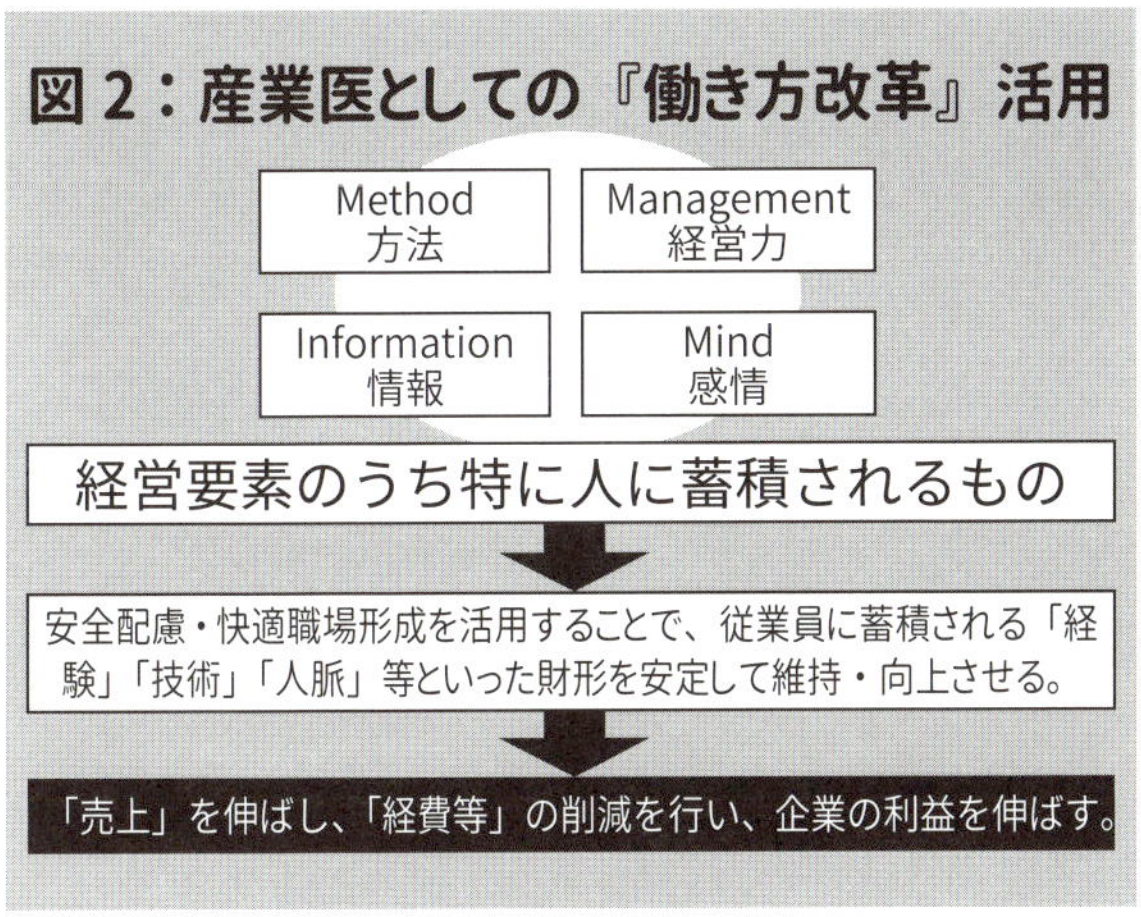
図 2：産業医としての『働き方改革』活用
Method 方法
Management 経営力
Information 情報
Mind 感情
経営要素のうち特に人に蓄積されるもの
安全配慮・快適職場形成を活用することで、従業員に蓄積される「経験」「技術」「人脈」等といった財形を安定して維持・向上させる。
「売上」を伸ばし、「経費等」の削減を行い、企業の利益を伸ばす。

『10の経営要素』に対してバランスを保ちながら進める衛生管理対策によって、付加価値という資産が生み出されます。

UNIT-02

Silent Unfair Risk 1

報告の内容に加わるバイアスの危険

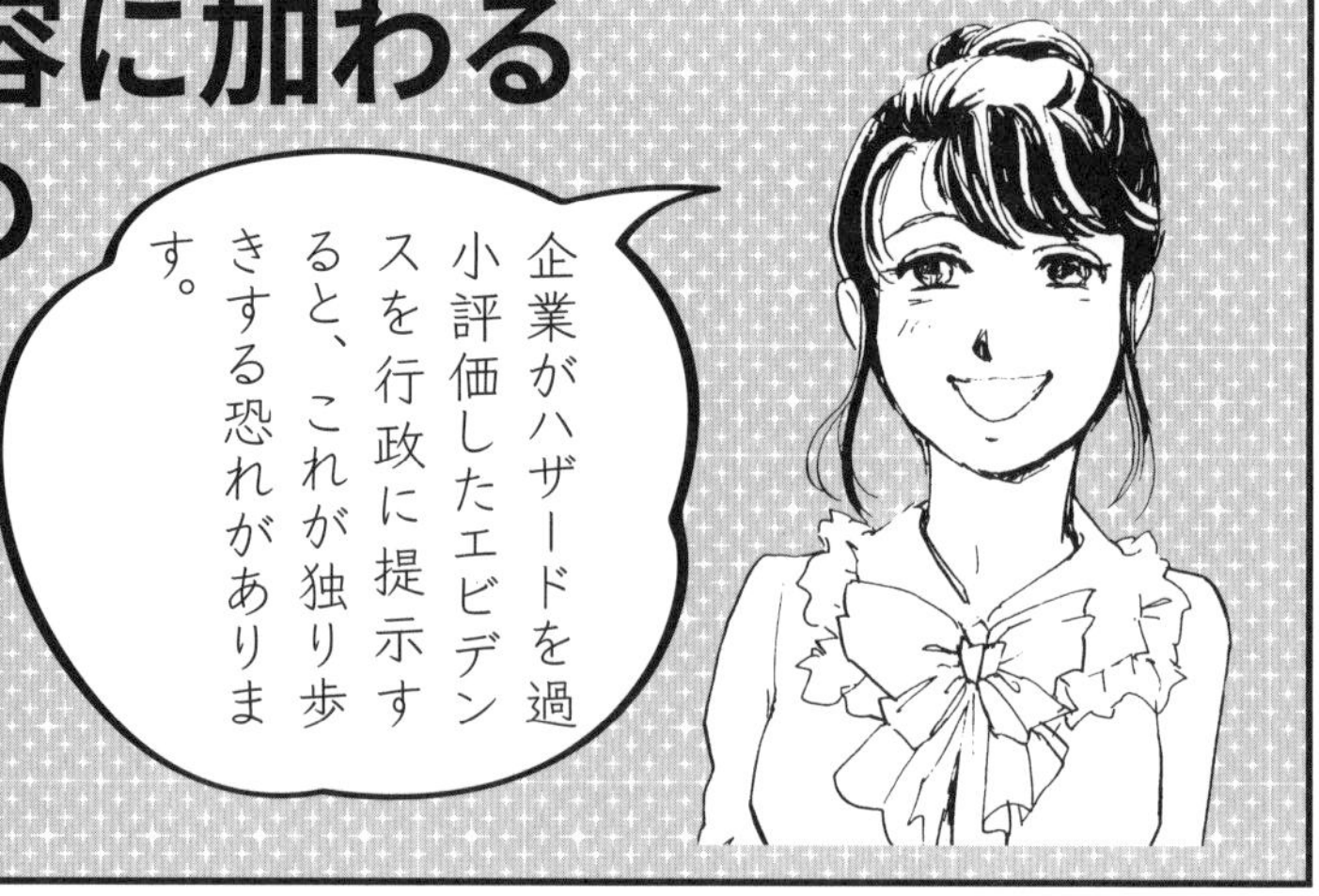
企業がハザードを過小評価したエビデンスを行政に提示すると、これが独り歩きする恐れがあります。

虚偽の報告に基づく例

「労働基準関係法令違反に係る公表事案」によると、労働安全衛生法令に反し、虚偽の報告を行ったとして法令違反を問われた事例が散見されます。

法令に基づく対応について行政に報告する際に、事実をそのまま報告することをせずに、事態を過小評価して報告する傾向があることを、事例は表しています。

例えば、図1のように従業員が命綱をつけずに作業をしている時、高い場所から転落して死亡した場合、この現場では、（A）の高さで働く場合は必ず命綱着用の義務があり、（B）の高さの現場では命綱を着用する義務がなかったとします。

現場の担当者は事故後に報告する際、実際には（A）の高さから落ちたにもかかわらず、（B）の高さから落ちたと報告してしまうことが、虚偽の報告となります。

こうしたことが行われる背景には、法令に基づいて行うべきルール作りが不十分だったことや、ハザードの正しい評価ができていなかったこと等を指摘されるおそれがあることが心理的なハードルとなり、過小評価の報告に至ったと考えられます。

ハザードとは、事故発生をもたらす物や、条件のことですが、日頃からこれに向き合う訓練がなされていない場合、その評価が正しく行われず、ハザード自体を過小評価することもあります。

報告を受けた行政の担当者は（B）の高さから落ちても亡くなるという情報を得ることになり、（B）の高さでも命綱の装着が必要かもしれないという判断が行政でなされる可能性が出てきます。

Silent Unfair Risk

企業がハザードを過小評価したエビデンス（証拠、証言）を行政に提示すると、これが独り歩きする恐れがあります。行政はこれまでの対策が不十分であると判断した場合、より安全を期すために法整備等を実施します。すなわち図2のような図式となります。

　さらに、今後技術の発達により、ビッグデータが構築されることで、より多くの虚偽のデータが蓄積され、法整備等に影響を与える可能性があります。

　このように事実以上の義務化が行われるリスクのことを、『Silent Unfair Risk』（静かな不正を原因とする経営上の危険）と呼ぶこととします。

図1：(考察)ハザードの過小評価

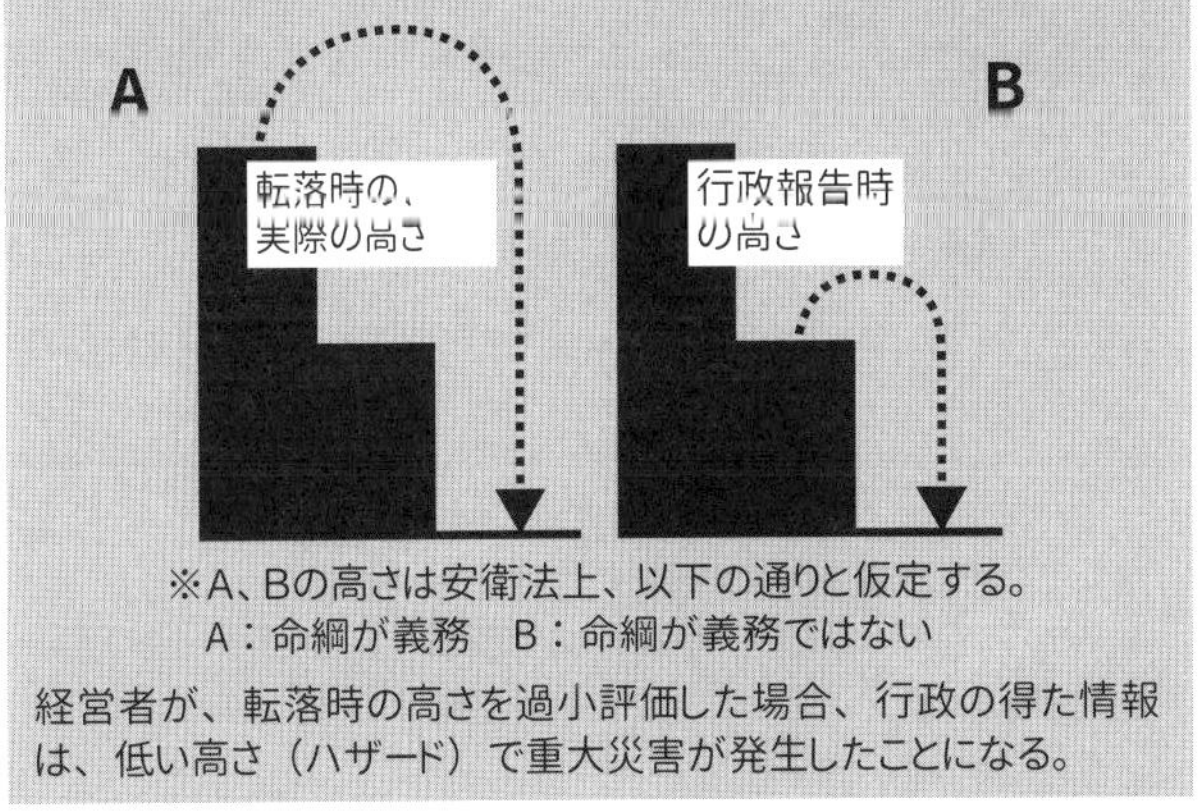
A
B
転落時の、実際の高さ
行政報告時の高さ
※A、Bの高さは安衛法上、以下の通りと仮定する。
A：命綱が義務　B：命綱が義務ではない
経営者が、転落時の高さを過小評価した場合、行政の得た情報は、低い高さ（ハザード）で重大災害が発生したことになる。

図2：(考察)事業者がハザードを過小評価したエビデンスしか示さない場合

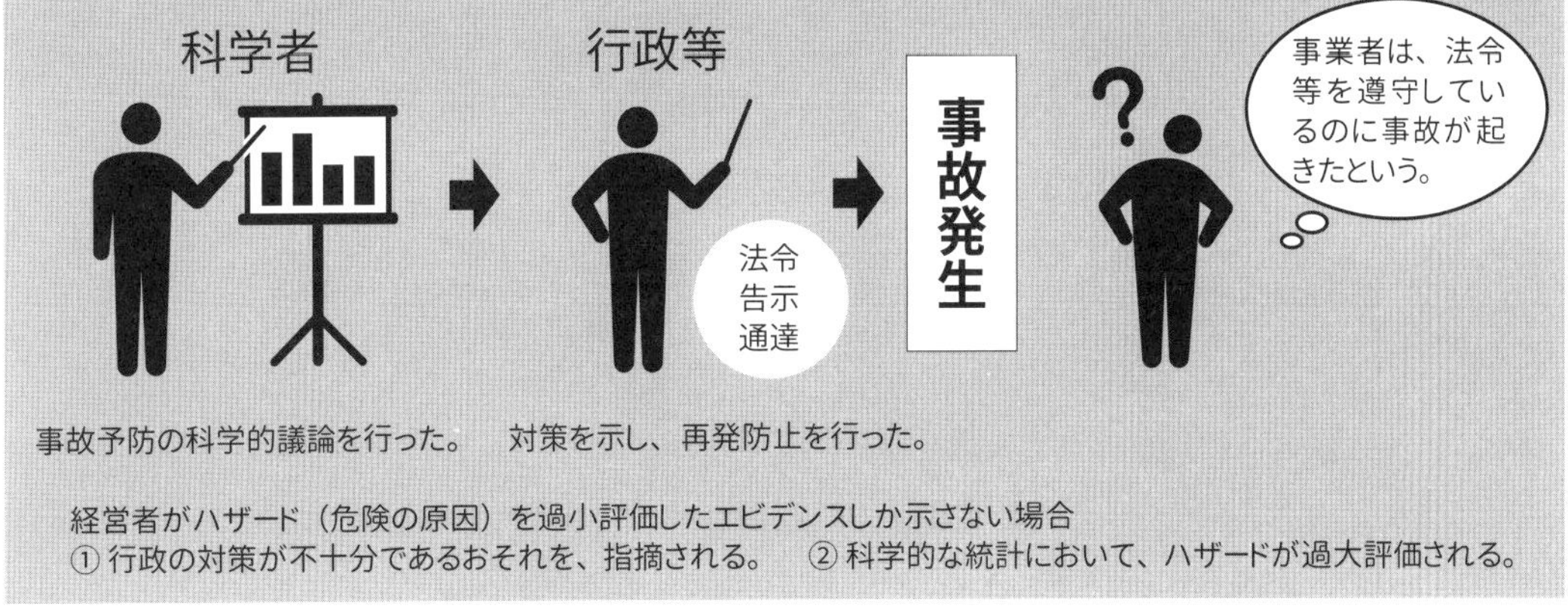
科学者
行政等
法令
告示
通達
事故発生
事業者は、法令等を遵守しているのに事故が起きたという。
事故予防の科学的議論を行った。
対策を示し、再発防止を行った。
経営者がハザード（危険の原因）を過小評価したエビデンスしか示さない場合
① 行政の対策が不十分であるおそれを、指摘される。
② 科学的な統計において、ハザードが過大評価される。

静かな不正を原因とする経営上の危機を、『Silent Unfair Risk』と呼びます。

UNIT-03 Silent Unfair Risk 2

Silent Unfair Riskの対策

企業による勤務実態の過小評価

『Silent Unfair Risk』は、法規制の事実以上の過剰な義務化を招く恐れがあります。この項では勤務実態の過小評価による、Silent Unfair Riskについて考えてみます。

厚生労働省の監督指導による賃金不払残業の是正結果（平成29年度）によると、未払い残業代が支払われた従業員数が約21万人であり、是正企業数は1870社になります。

さらに、経営者が従業員に時間外労働や休日労働、深夜業を行わせた場合に支払わなければならない割増賃金について、1000万円以上支払った企業は262社にも及びます。

このような多数の是正が発生する背景には、多くの企業が現場の実態を適切に管理をして行政に報告していないという事実があります。

過小評価のデータが行政に蓄積している

企業はあらゆる事項について、事実を基に適切な管理をする必要があります。しかし、行政のデータによると、それができていない企業も多数あります。

例えば、企業がある従業員への残業時間の賃金不払い残業代を糊塗するため、記録上は時間外労働が100時間程度としていましたが、その従業員が日頃の疲労が蓄積し、心筋梗塞を起こして亡くなってしまいました。それに対して行政の求めに応じて、実際には時間外労働が100時間以上だったにもかかわらず、100時間未満で亡くなったとして記録を提出しました。

行政は研究調査を行う中で、企業から集めたデータを定期的に集計整理しています。この例の場合、「時間外労働100時間程度で心筋梗塞を起こす」というデータがエビデンスとして蓄積されてしまうことになります。

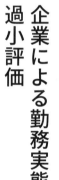

Silent Unfair Risk に立ち向かうために

実際に時間外労働100時間を超えても健康を維持しているケースがあります。しかし、「働き方改革を推進するための関係法律の整備に関する法律」の成立により、時間外労働100時間が原則禁止（中小企業を除き2019年4月施行）となったことは、遂にSilent Unfair Riskが形を示してきたと危機感を持っています。

経営者がSilent Unfair Riskに立ち向かうためには、全ての企業が事実を過小評価しないように経営者全体の課題として取り組むことが第一です。あるいは、事実を過小評価する経営者(Silet Unfair Employer)が存在することを前提として、事実を過大評価した法律ができあがることを想定し、取り組みをより厳格にしていく必要があります。

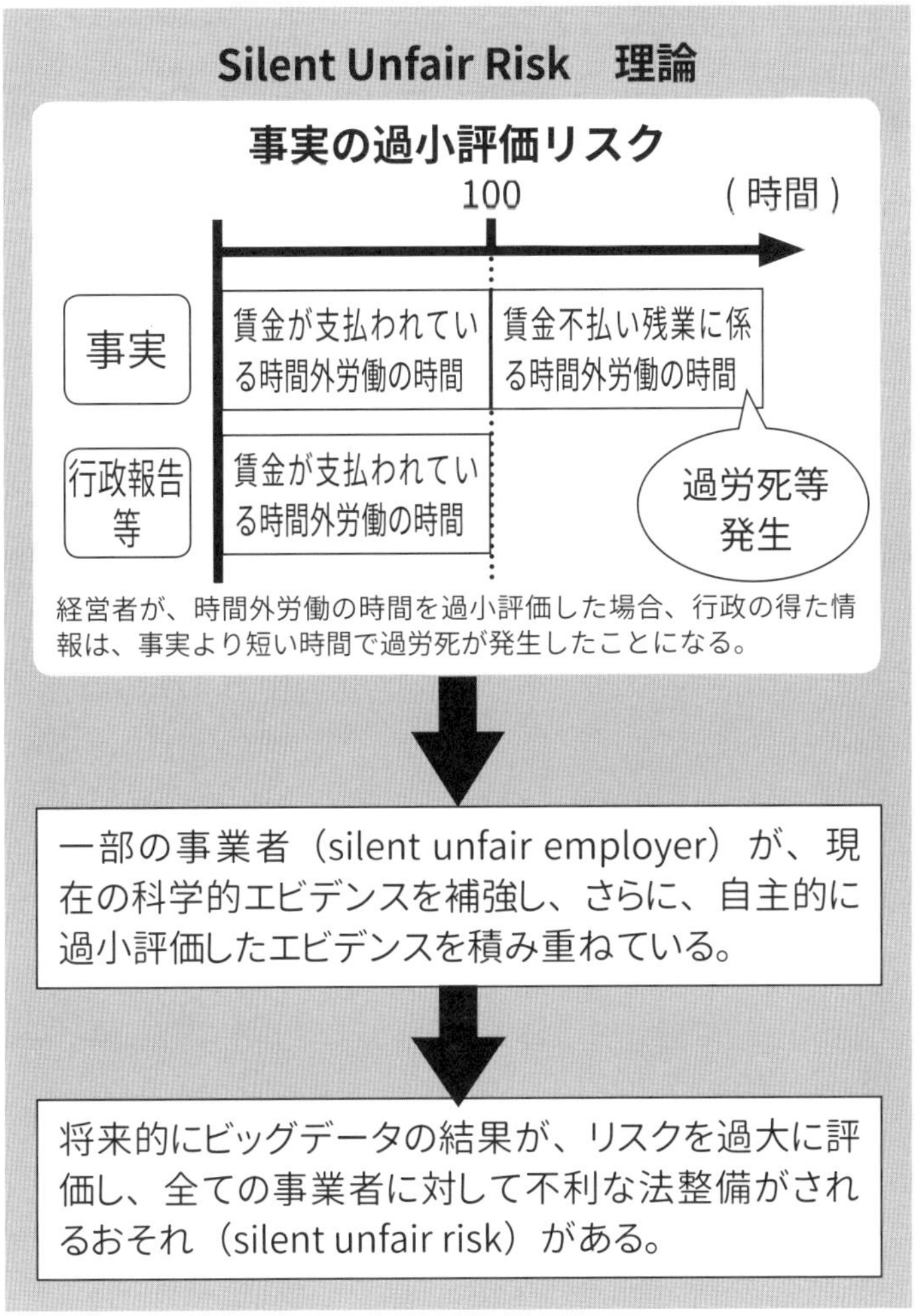
Silent Unfair Risk　理論
事実の過小評価リスク
100
（時間）
事実
賃金が支払われている時間外労働の時間
賃金不払い残業に係る時間外労働の時間
行政報告等
賃金が支払われている時間外労働の時間
過労死等発生
経営者が、時間外労働の時間を過小評価した場合、行政の得た情報は、事実より短い時間で過労死が発生したことになる。
一部の事業者（silent unfair employer）が、現在の科学的エビデンスを補強し、さらに、自主的に過小評価したエビデンスを積み重ねている。
将来的にビッグデータの結果が、リスクを過大に評価し、全ての事業者に対して不利な法整備がされるおそれ（silent unfair risk）がある。

経営者がSilent Unfair Riskに立ち向かうためには、全ての企業が事実を過小評価しないように経営者全体の課題として取り組むことが第一です。

UNIT-04 自己保健義務

企業の定めた健康管理措置を受ける義務

労働衛生管理体制の活用に加えて、従業員自身の自助努力を活用し、効率的な健康管理を行いましょう

自己保健義務とは

安全で衛生的な職場の達成のためには、企業だけでなく従業員の姿勢も問われます。

ここでは『自己保健義務』について解説します。

自己保健義務とは、経営者が定めた健康障害を防止するための措置を従業員が遵守することで、自らの健康管理を適切に行う義務のことです。これは従業員の『誠実義務』の1つに位置付けられています。

法令上は、労働安全衛生法第26条に「従業員は経営者が定めた従業員の作業行動から生ずる労働災害を防止するため必要な措置等を守らなければならない」等と罰則付きで定められています。

労働安全衛生法は、基本的には企業が実施主体とされていますが、企業が適切な健康管理を行うにあたり、従業員自身でも適切な健康管理を行う必要があります。労働安全衛生法第26条以外では、経営者が実施する健康診断を受ける義務、経営者が行う医師面談を受ける義務等が定められています。

効果的な従業員の健康管理とは

例えば、作業場において経営者が安全配慮義務として「ヘルメットの着用」を従業員に義務付けた場合、従業員はヘルメットを着用する義務があります。このような安全管理のケースは解りやすいですが、健康面、精神衛生面での双方の義務は、履行に様々な問題をはらんでいます。

従って、労働安全衛生法に基づく自己保健義務を従業員に課す場合は、「健康管理の徹底」といった抽象的な内容ではなく、具体的に定める必要があります。例えば、高所作業前における血圧の自己測定や、運転作業前の眠気調査やアルコールチェック等の実施と結果の利用方法は、経営者が定めた手法に基づいて行うことになります。

たびたび述べたように、経営者が従

業員のために健康管理をすることで、結果的に経費としてのコストが下がり、利益の向上が見込めます。経営者は従業員が行うべき自己保健義務の内容を具体的に示し、支援することで、健康管理の実効性を向上させる必要があります。

しかし、経営者は健康管理の専門家ではないことから、経営者側だけの判断で健康障害の防止措置を定めることは控えた方がいいでしょう。その際には、産業医の医学的知識や衛生委員会等を活用して、現場に即した措置内容を定めることが重要です。産業医は、従業員の病状や職場の現状を確認し、主治医と連携して経営者に就業上の措置を提言できます。

従業員の健康管理をより精緻に行うには、経営者の努力だけでは限界があります。労働衛生管理体制の活用に加えて、従業員自身の自助努力を活用し、効率的な健康管理を行うことが重要です。

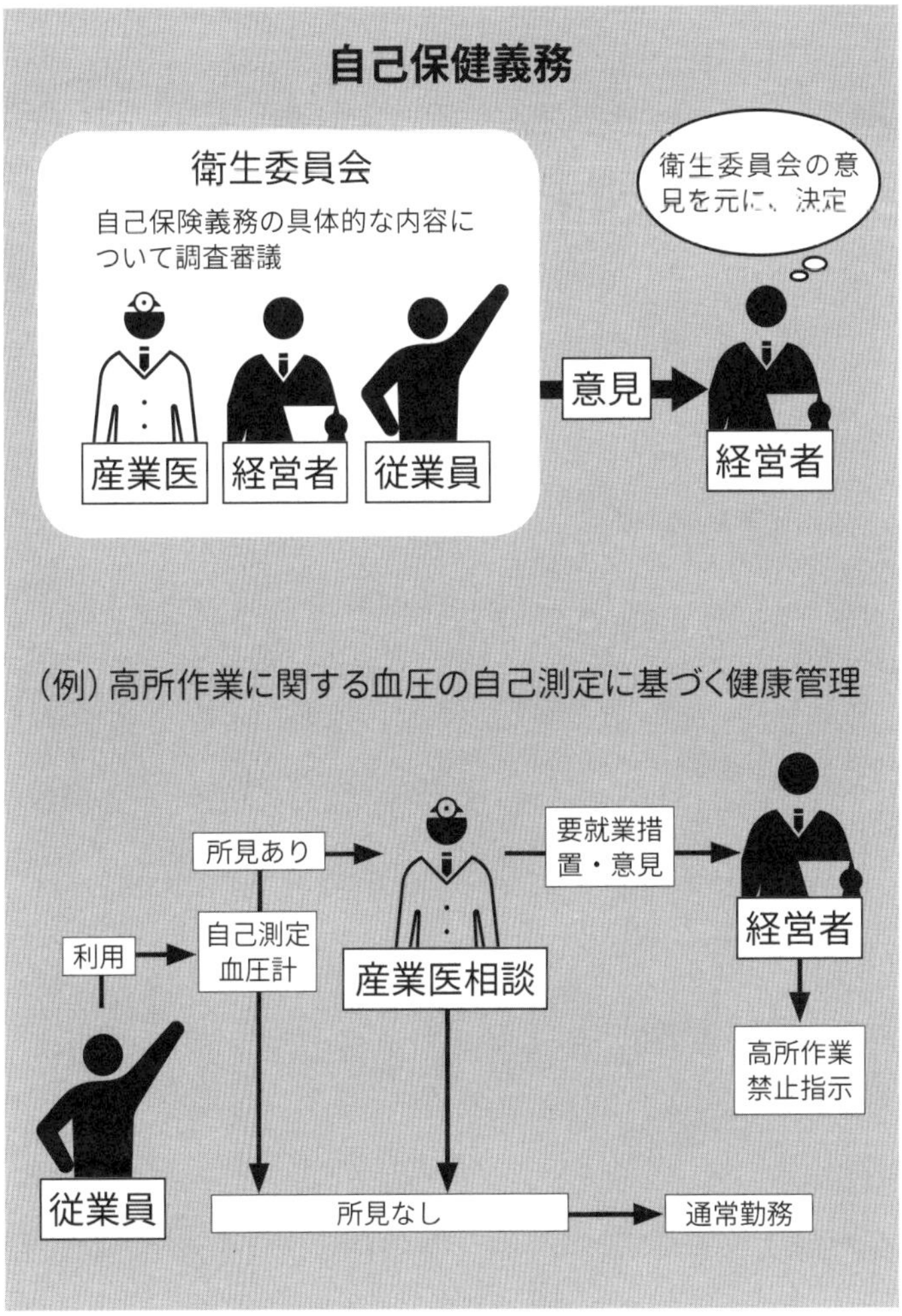
自己保健義務
衛生委員会
自己保険義務の具体的な内容について調査審議
産業医
経営者
従業員
意見
衛生委員会の意見を元に、決定
経営者
(例) 高所作業に関する血圧の自己測定に基づく健康管理
利用
自己測定血圧計
所見あり
産業医相談
要就業措置・意見
経営者
高所作業禁止指示
従業員
所見なし
通常勤務

労働安全衛生法に基づく自己保健義務を従業員に課す場合は、具体的に義務を定める必要があります。

衛生管理体制で快適職場と生産性向上を同時に目指す

快適職場に向けた衛生対策には、生産性向上の視点が必要です。

現場にそぐわない『対策』が現場を疲弊させる

快適職場の資産価値については【CHAPTER-1】でお話ししました。ここでは、企業経営として、快適職場づくり、すなわち衛生対策をどうやって生産性向上・企業利益つなげるか、その方法論を考察します。

快適職場に向けた衛生対策と、利益につながる生産性向上は、両者のバランスが重要です。衛生対策が生産性向上に結び付かない場合、『対策』と『生産性向上』を別々の視点で進めてしまっていることが原因として考えられます。

安全衛生上の事例から、あるひとつの対策を講じるとします。その対策に生産性向上の視点を欠いていると、対策に伴って工程だけが増えていきます。現場の実情に合わない、生産性の低下につながる工程数の増加は、利益率を低下させます。そして効率の悪い現場で生産性の向上という圧力があると、利益率の悪い工程が現場で自ずと省かれてしまうケースがあるのです。（図1参照）

そして、するべき対策が省かれることで、対策した事案以外の新たな不正やリスクが次々と生まれる結果を招くことがあるのです。

これらのリスクに対して、新たな対策が必要となり、そのようにして対策が増え、ますます利益が減ってリスクが増大する、というループに入ってしまうこともあり得ます。

『トップダウン』と『ボトムアップ』の両立を

両者のバランスを保ちつつ進めていくには、『対策』は現場の生産性と快適性が向上するかどうか、確認しながら講じる必要があります。そのバランスを保つ秘訣は企業内施策の『トップダウン』と『ボトムアップ』の両立と調整です。

体制の構築やどこに予算を割くかという具体策までをトップダウンだけで

決定すると、確かにスピーディーな施策はできますが、現場の視点がないため利益を生まない工程になりがちです。

　トップダウンは図2のように、予算・目標、課題の必要性と達成点の提示にとどめ、現場の課題についてはボトムアップで現場視点の課題の抽出・解決案の提示をする、といった実情に照らした対策としなければなりません。

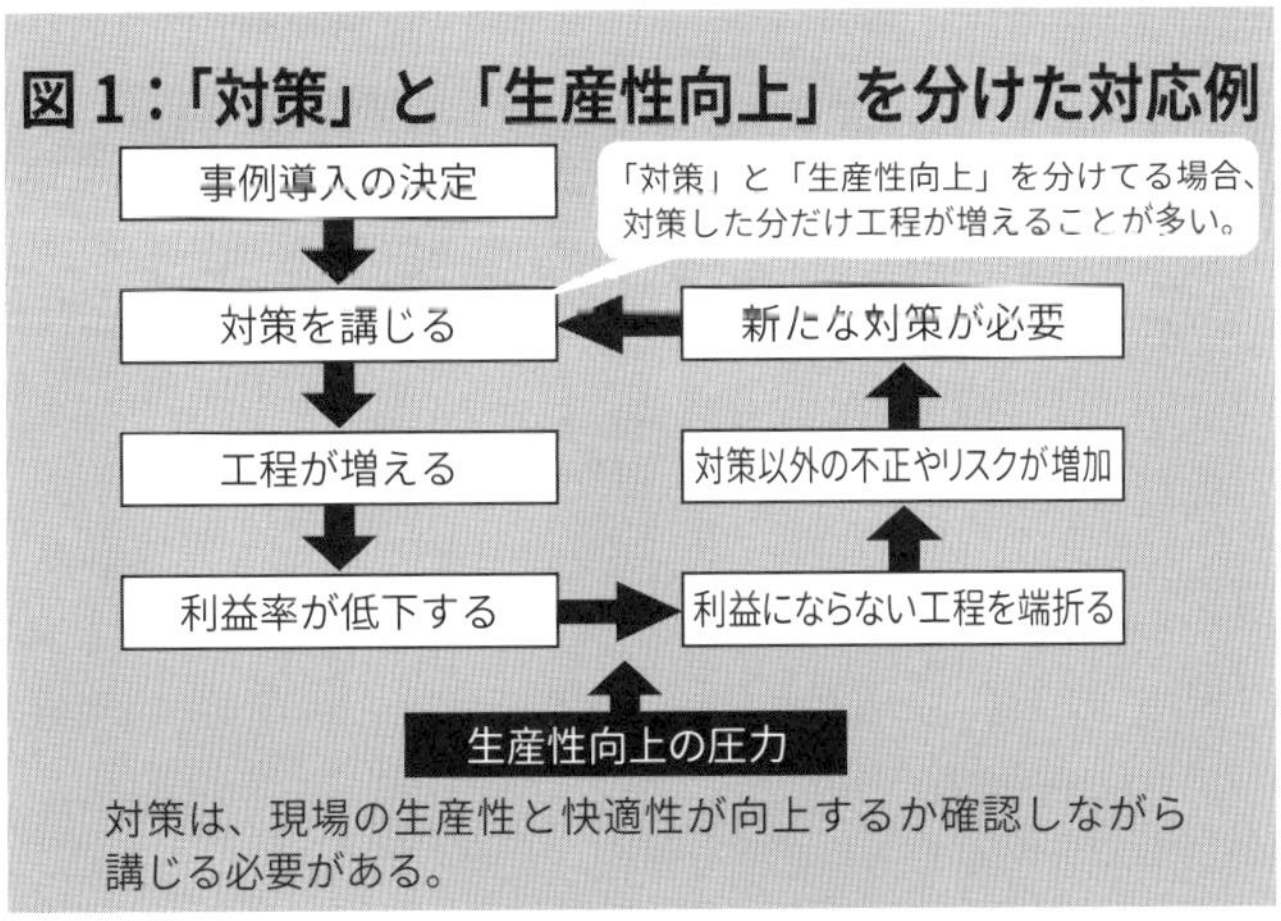

図1：「対策」と「生産性向上」を分けた対応例

衛生管理委員会が労使の課題を連携させて調査・審議する

　このバランスをとる調整弁として機能するのが、衛生管理委員会です。実効性のある必要な対策を精査し、現場の実情をよく把握して大事なところは重点的に、不要な部分は別の対策に吸収させる等、メリハリをつけた施策で、生産性向上に向けた調査・審議を図ることができます。

　このように、衛生委員会を活用することで、衛生対策＝快適職場づくり＝資産形成がバランスよく行えるのです。

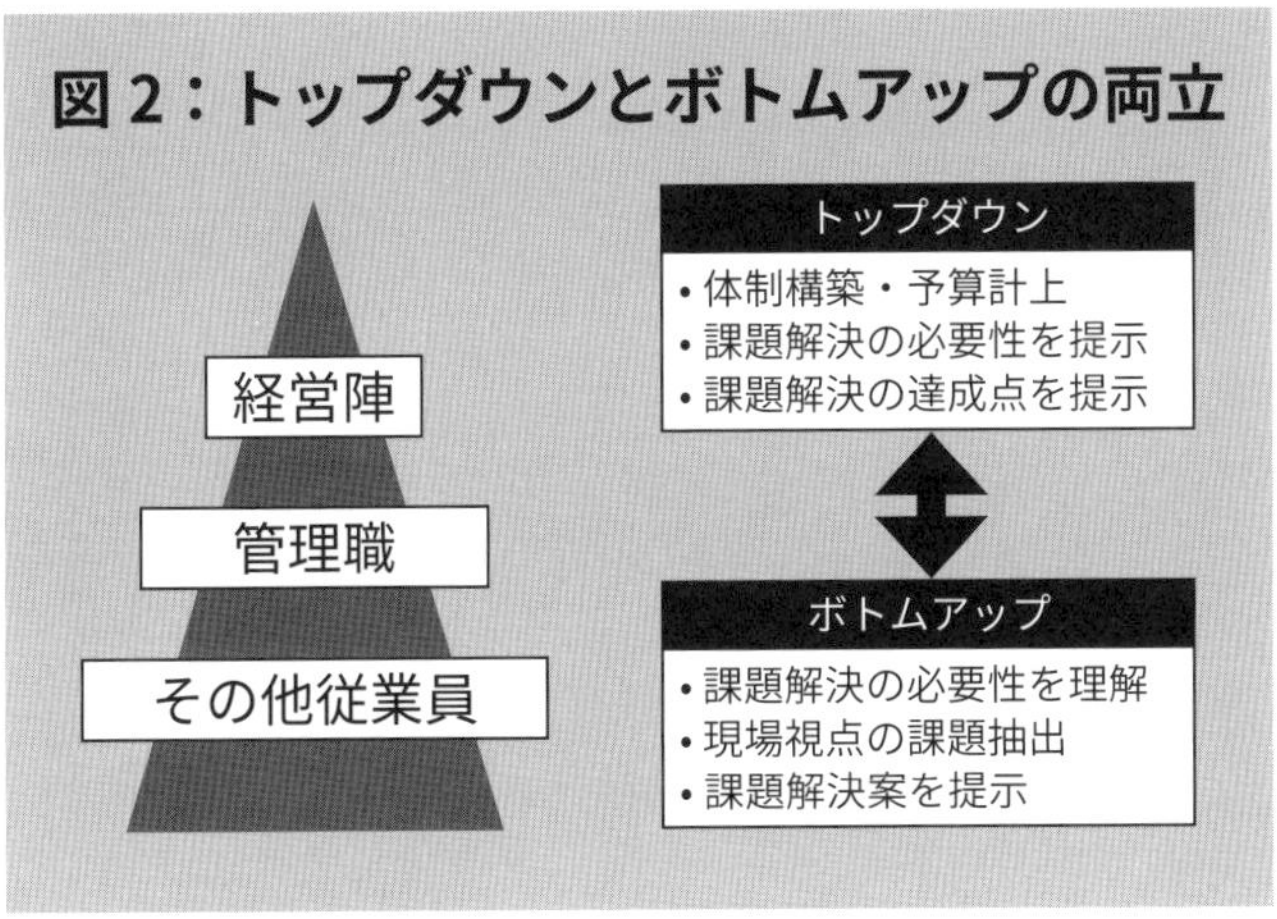

図2：トップダウンとボトムアップの両立

UNIT-06　衛生管理体制２

『10の経営要素』を活用するための衛生管理体制

従業員が健康を維持しつつ売上の向上に資するためには、実効性の高い衛生管理体制が必要です。

衛生管理体制の構築と運用

従業員に蓄積される知識、経験、技術等は、企業の『10の経営要素』（P.68～69参照）を機能強化するために大きな役割を発揮しますが、従業員が健康を維持しつつ売上の向上に資するためには、実効性の高い衛生管理体制を構築することが必要です。

経営者は、衛生管理体制を構築する際、以下の点が基本的な取り組みになります。

1．適切な目標と方向性を定める
2．目標に沿った専門家と担当者を定め、人員の整備を行う
3．予算の計上を行う
4．実効性を確認し、必要に応じて見直しを行う

こういった視点は、マネージメントにおいては一般的に行われていますが、衛生管理体制構築に関しても重要になります。

適切な目標と方向性を定める意義

企業には、10の経営要素に代表される様々なリソースが存在しますが、それらの活用方法を決めるのは経営者です。従って経営者は、企業の利益向上と安全で衛生的な快適職場形成の両立のため、衛生管理体制にどれだけリソースを割くべきかを検討し、達成するべき水準を定め、衛生委員会の調査審議を踏まえて適切な目標と方向性を打ち出すことが必要です。

特に、社内に余剰のリソースがない場合は、利益を最大にし、労務管理上のコストやリスクを最小にするための目標と方向性が重要になります。

なお、適切な目標と方向性が経営者から示されることで、労働衛生の担当者は統一した目標を持つことができます。経営者は労働衛生管理体制に1次予防を求めているが、担当者は3次予防にしか取り組んでいない、といったことがないように努めるべきです。

人員整備と予算計上

労働安全衛生法は約50年の歴史がありますが、その中で培われた知識や経験を専門家は備えています。従って、経営者は専門家を配置し、各自が持つ専門性の中から、目標に沿った役

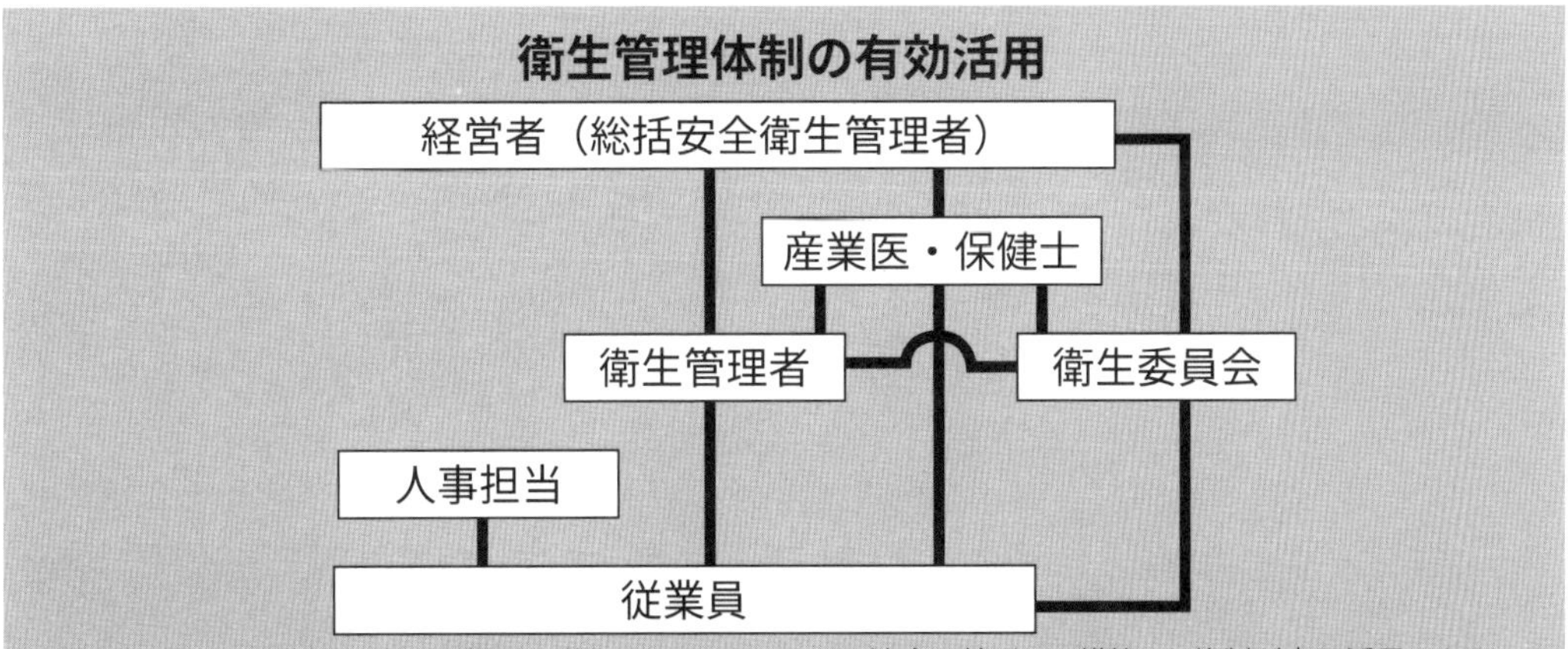

衛生管理体制に、生産性向上の視野を導入することで、すでに法令に基づいて構築した体制が水平活用できる。

割を発揮させることが必要です。その際、明確な責任と権限を付与することが実効性向上の観点から重要です。また、専門家ではない担当者に学習をさせることで、目標達成に向けた取り組みを行っている企業もありますが、3次予防に傾倒した学習を行う等、企業の売上向上につながる視点での育成ができないおそれがあります。専門家の活用は費用の面から最小限にすることはよいですが、有効に活用することをお勧めします。

人員を整備した後は、組織が有機的に活動できるように予算を計上する必要があります。予算案と達成目標については、実効性を向上させるために、専門家や担当者に示させることも重要です。

事例として、生産性向上に取り組むべき衛生担当者が、健診施設から健康診断結果を電子媒体ではなく紙媒体で提出させ、事業所内で電子化するという生産性が低い業務を行っていました。衛生管理の業務が分からない部署が予算を管理していたことが、多大な無駄につながっていました。

実効性を確認し、必要に応じて見直しを行う

衛生管理体制の実効性については、定期的に衛生委員会等で進捗を確認し、必要に応じて見直しを行うとよいでしょう。さらに、良好事例については社内で共有し、企業全体に波及させることが重要です。もし衛生管理体制が十分に機能していないという場合は、基本的な取り組みを行っているかを確認することが必要です。

UNIT-07 生産性向上の視点をもつ衛生管理者の育成

現場の知見と労働衛生の知識の両方が必要

優秀な衛生管理者の育成は、衛生管理体制を企業の生産性向上につなげることに役立ちます。

管理対策のムダ、非効率的な工程を解消する衛生管理者

企業内で衛生に関して中心的な役割を担うのが、衛生管理者です。衛生管理者は労働条件や衛生的改善の予防措置などを担当し、職場環境において衛生全般の管理をします。一定規模以上の企業では、衛生管理者免許を有する者を選任することが義務付けられています。

衛生管理体制の中で、衛生管理者は『経営者・管理職』と『現場・その他の従業員』という立場の違う両者の連携に大きな役割をもっています。

それはすなわち、衛生管理者は「現場にそぐわない対策」を防ぎ、「トップダウン」と「ボトムアップ」の調整弁としての立場にいるということです。そのため、優秀な衛生管理者の育成は衛生管理体制を企業の生産性向上に水平活用させることに大いに役立つのです。

二つの視点でOJTをすることで育成する

衛生管理者は、衛生の専門的視点をもちながら、現場も熟知していることがベストです。実際には、現場の従業員から選出された管理者と、現場とは離れた部署や、外部からの専門家などから選出された管理者がいます。それぞれ、キャプテンの視点をもつ主将タイプと、マネージャーの視点をもつ支援者タイプとして表すことができます。

図1のように、主将タイプは現場のリーダーです。従業員と同じ視点で衛生の質を向上させる提案ができる人材です。

一方、支援者タイプは現場の業務には就かず、離れた立場から衛生の質を管理します。主将タイプは、現場の要望や課題には精通していますが、労働衛生という視点での課題解決力を育成しなければなりません。一方、支援者タイプは、現場との距離があるため、課題の抽出などに的確さを欠くかもしれず、現場と緊密な連携がとれるよう、サポートしていく必要があります。どちらの視点もバランスよく備えた衛生

管理者は、効率的な対策を講じることができるので、企業の生産性向上に貢献することが期待されます。

衛生管理体制に実効性をもたせる仕組み

最後に、衛生管理体制を実効的に運用するための仕組みについてご紹介します。

対策すべき事例が発生したときや新たに対応すべき法令が出た時など、衛生委員会を含む衛生管理体制が機能しなければなりません。この時重要なのが、衛生管理者の役割がきちんと分担されていることです。

数々の対応について、対策を考え、チェックした上で決定し、実行して効果を検証する、といった流れを一人の人間が行っていては、効率が悪い上にミス・ロスが多くなることがあります。図2の左図ように、P（Plan）、D（Do）、C（Check）、A（Act）が直線上に流れるような仕組みだと、非効率的なループを形成することになりかねません。

意思決定・運用は立体的で相互に自律性とチェック機能が働く仕組みにしておく必要があります。図2の右図のように、立体的な体制を組んで役割をはっきりさせ、相互チェックが機能するようにすることが、スピーディーで効率的な意思決定を可能にし、生産性向上につながります。

図1：生産性向上の視点を持つ衛生管理者の育成

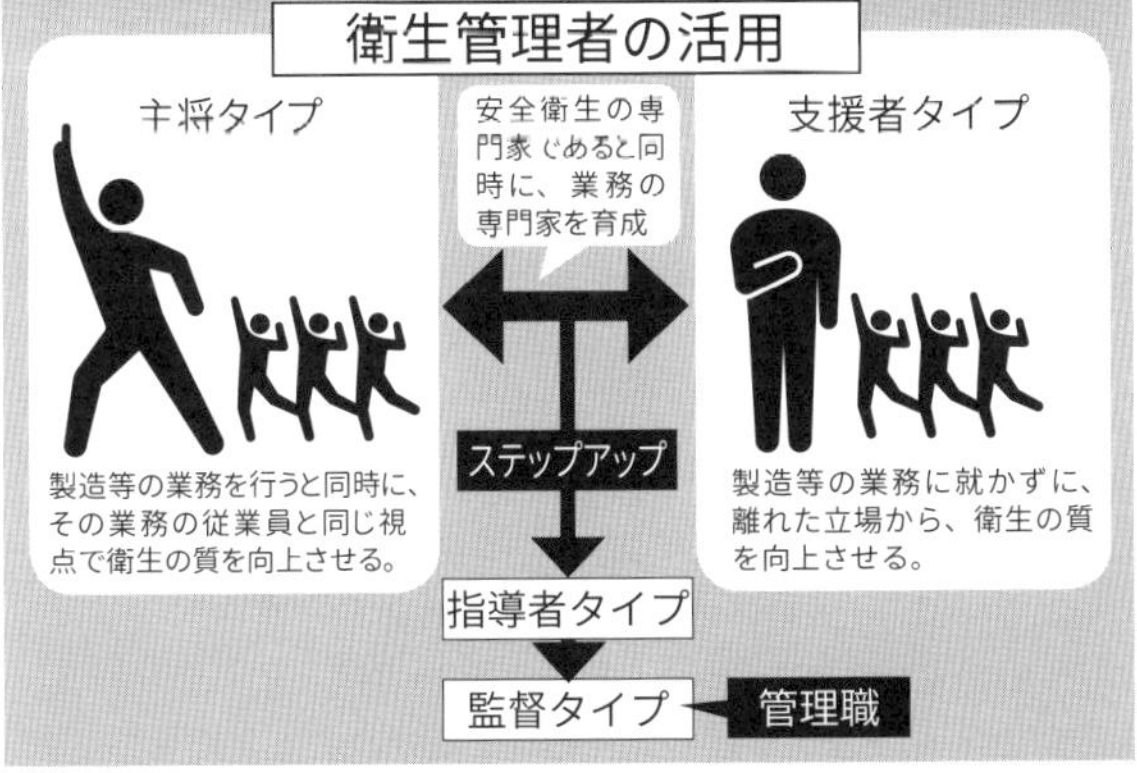
衛生管理者の活用
主将タイプ
安全衛生の専門家であると同時に、業務の専門家を育成
支援者タイプ
製造等の業務を行うと同時に、その業務の従業員と同じ視点で衛生の質を向上させる。
ステップアップ
製造等の業務に就かずに、離れた立場から、衛生の質を向上させる。
指導者タイプ
監督タイプ
管理職

図2：実効性を持たせる仕組みの一つ

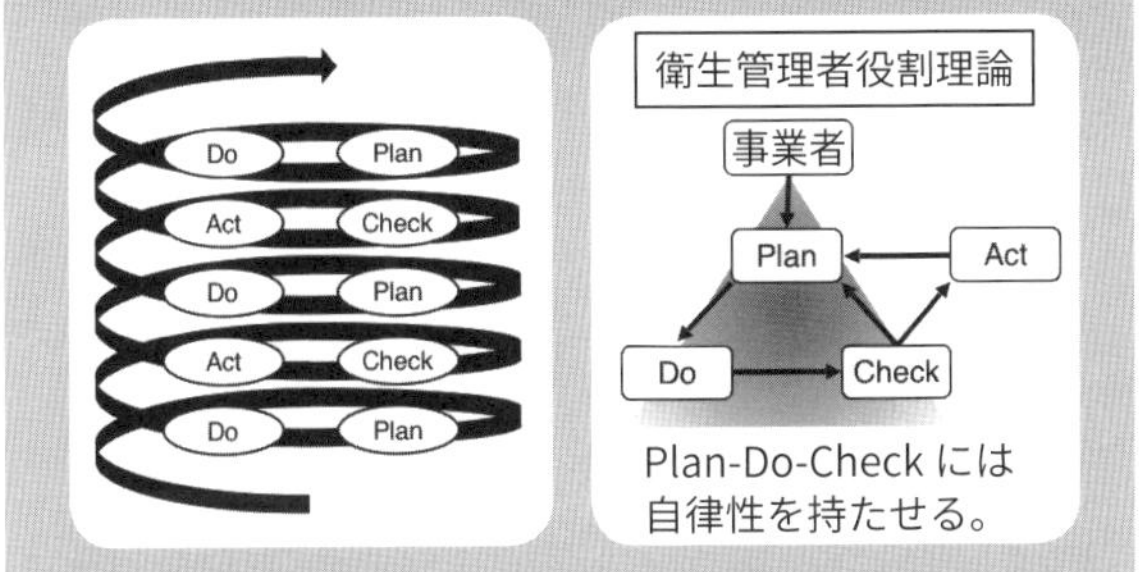
Do
Plan
Act
Check
Do
Plan
Act
Check
Do
Plan
衛生管理者役割理論
事業者
Plan
Act
Do
Check
Plan-Do-Checkには自律性を持たせる。

実効性を向上させるためには、それぞれの役割に責任を持たせる方法がある。
また、衛生管理者は国家資格であるため、それに伴う責任がある。

意思決定・運用は立体的で相互に自律性とチェック機能が働く仕組みにしておくとよいでしょう

UNIT-08 名ばかり産業医のリスク

働き方改革関連法の可決で産業医制度が変わる

『産業医は誠実に働かなくてはならない』と明文化されました。

産業医に課せられた誠実義務――形だけの産業医のリスク

「働き方改革を推進するための関係法律の整備に関する法律」(通称:「働き方改革」)が可決しました。

その中の目玉法案として、産業医制度の改正等が労働安全衛生法第13条に盛り込まれ、大幅な改正がありました。これによって企業の中での産業医の存在は大きく変わり、産業医という名義だけを貸している『名ばかり産業医』を置いたまま放置していくと、企業にとってのリスクが大きくなります。

今回の「働き方改革関連法」労働安全衛生法第13条第3項に「産業医は、労働者の健康管理等を行うのに必要な医学に関する知識に基づいて、誠実にその職務を行わなければならない。」と明文化されました。つまり「産業医は誠実に働かなければならない」ということです。このことにより、何が変わるのでしょうか。

平成29年6月までは、全ての産業医は月1回の職場巡視が義務づけられていたにもかかわらず、非常勤産業医を選任している事業所において、平成27年11月1日からの1年間で、訪問回数が11回以下の事業所が64.3%と報告されており、そのうち0回の事業所が18.7%と報告されていました(平成28年労働安全衛生調査「産業医(非常勤)の事業所への訪問回数階級別事業所割合(事業所規模50人以上)」による)。

このように、一部の産業医は、法令に基づかない対応を行う『名ばかり産業医』と呼べる実態が示されています。

逆に言えば、今まで産業医には誠実義務が課されていませんでした。このため、契約している産業医が誠実に職務を遂行していなくても、法令に違反していなければ問題とされず、経営者にとっては労働衛生体制の構築が難しい理由の1つとなっていたのです。

企業内で唯一医業が行える産業医が不誠実だとしたら、その時点で適切な健康管理、衛生管理等がなされなくな

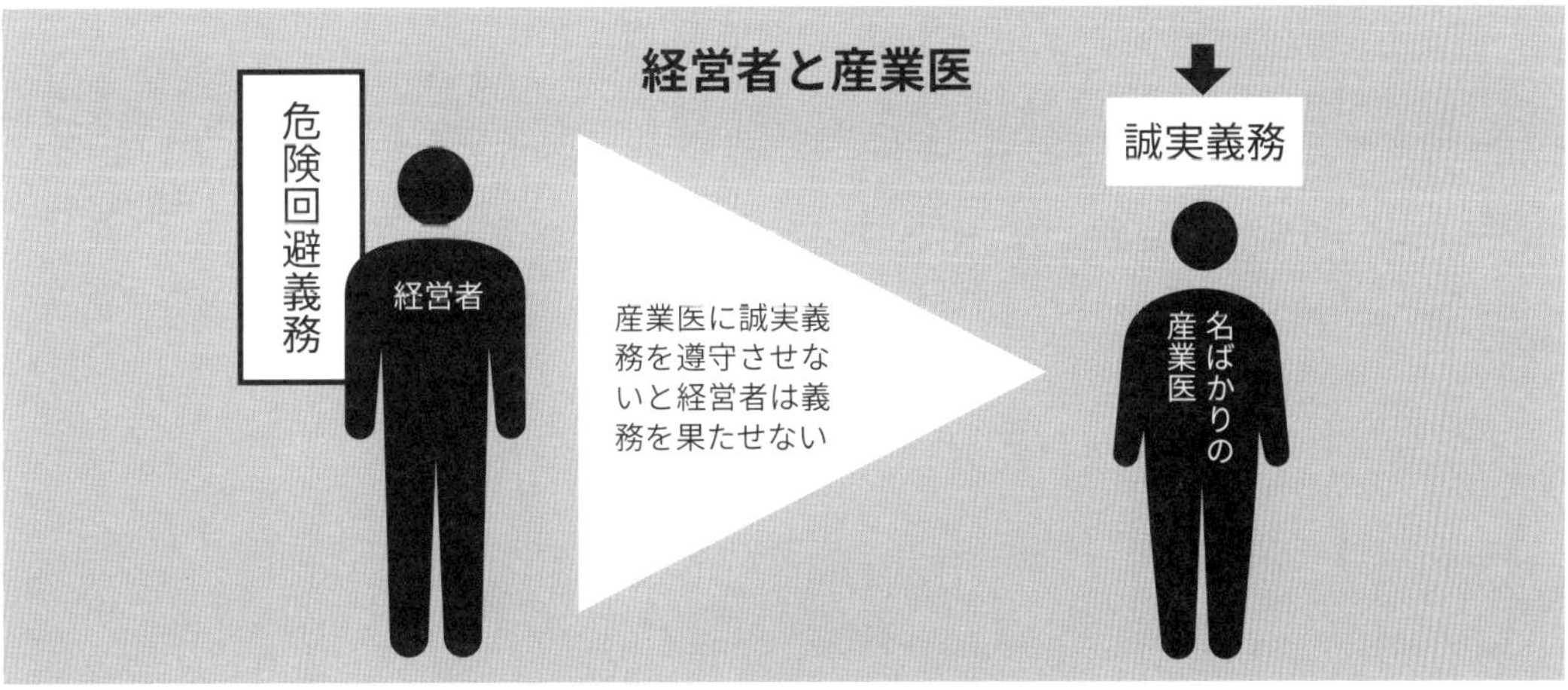
経営者と産業医
危険回避義務
経営者
産業医に誠実義務を遵守させないと経営者は義務を果たせない
誠実義務
名ばかりの産業医

ります。

今回の法令改正により、経営者が従業員の健康管理について産業医に助言や勧告等を求めたのに、産業医が「できない。」や「解らない。」等と言ってその業務を拒否した場合、その産業医は、『医学に関する知識が乏しい者』か『不誠実な者』等として法令上みなされてしまいます。

改正法案の経営者にとってのリスクとメリット

名ばかり産業医を産業医という役職に就けておくことは、これからは経営者にとってもリスクになります。経営者が課せられている安全配慮義務の中に含まれている『危険回避義務』を適切に行っていないと行政に問われる可能性が出てきたのです。

また、今回の法令改正前までは、産業医が労働安全衛生法上、不誠実な対応をとっていた場合でも、経営者が産業医に対して何らかの対応をすることが困難でした。しかしこれからは経営者が産業医に対して労働安全衛生に関して厳格な業務命令を行うことができます。このことは、経営者の負担を産業医に分担させやすくなったといえます。

産業医に課せられた誠実義務を経営者は企業経営に有効に取り入れ、衛生管理体制を充実させるとともに、資産形成に活かしていくことが求められています。

産業医に課せられた誠実義務を経営者は企業経営に有効に取り入れ、衛生管理体制を充実させることが求められます。

UNIT-09

産業医の活用で資産形成を実現

産業医の能力を見極め最適な権限を与えることが重要

産業医の質を客観的に確認する方法があります。

産業医の特徴

産業医は、健康管理のみならず健康管理体制の整備、作業環境から危険原因を除去、健康文化を浸透させること等が職務です。医師の中で所定のカリキュラムを取得した者に与えられる資格で、労働安全衛生法に基づき一定規模以上の事業所に最低1名は置くことが義務づけられている国家資格です。治療を主とする医師との違いは、従業員の健康に注目すると共に、従業員が働きがいを感じて業務ができるよう健康状態と職場環境の改善を図ることにあります。

また、産業医は経営者に対して勧告権を持つ資格です。そのため従業員の健康管理について適切な意見を経営者側に提言できない者や、従業員の健康管理のみを注視して健康状態と職場の適応を考慮できない者は、事業の存続に対してリスクとなってしまいます。

特に客観的な記録を蓄えない産業医は訴訟等になった場合に、経営者側の義務や努力義務を証明できないため、リスクがかえって増大することになってしまいます。

そこで、ここでは産業医の能力を示す客観的な指標をご紹介します。

産業医の質について客観的な確認方法

産業医の質を客観的に確認する方法として、以下の資格を取得しているか確認することが挙げられます。もちろん資格を持っているからといって必ずしも企業にとって良い産業医であるとは限りませんが、一定の基準にはなるでしょう。

●労働衛生コンサルタント試験合格者

労働安全衛生法第83条に基づく「労働衛生コンサルタント試験」（国家試験）に合格した者です。労働衛生コンサルタントとは、労働者の衛生水準の向上を図るため職場の衛生についての診断及びこれに基づく指導を行う資格です。労働衛生コンサルタントの資格を医師が得るためには、筆記試験もしくは一定のカリキュラムをクリアした後、専門家や行政官の口頭試験に合格しなければなりません。口頭試験では知識と実務経験が問われますので、試験に合格するだけのスキルがあると認められます。

●産業衛生専門医

公益社団法人「日本産業衛生学会」が認定する専門医資格を取得した者です。国家試験ではありませんが、産業衛生指導医により3年間以上の実務指導を受けた後、筆記や口頭試験等に合格しなければなりません。

熟練の専門家が合否を評価する意味で一定のスキルと実務を最低3年間は達成している者として評価できます。

●社会医学系専門医

一般社団法人「社会医学系専門医協会」が認定する専門医資格を取得した者です。公衆衛生という幅広い領域の中に、「産業衛生など職域集団の健康維持・増進を担う人材、産業医」が含まれています。産業衛生専門医と同様に社会医学系指導医により3年間以上の実務指導を受けた後、試験に合格する必要があります。現行制度では、原則、社会医学系専門医を取得した後に産業衛生専門医の修練資格が与えられることになっています。経営者としては、社会医学系専門医の先生には追加で産業衛生専門医も取得してもらうことがよいでしょう。

産業医の資質を見極めながら権限を増やす

経営者は産業医をうまく活用していく必要があります。

産業医に対しては、図1に示すようにその質を見極めた上で、適切に権限を増やしていくというやり方がよいでしょう。

図1：産業医の質に対する尺度

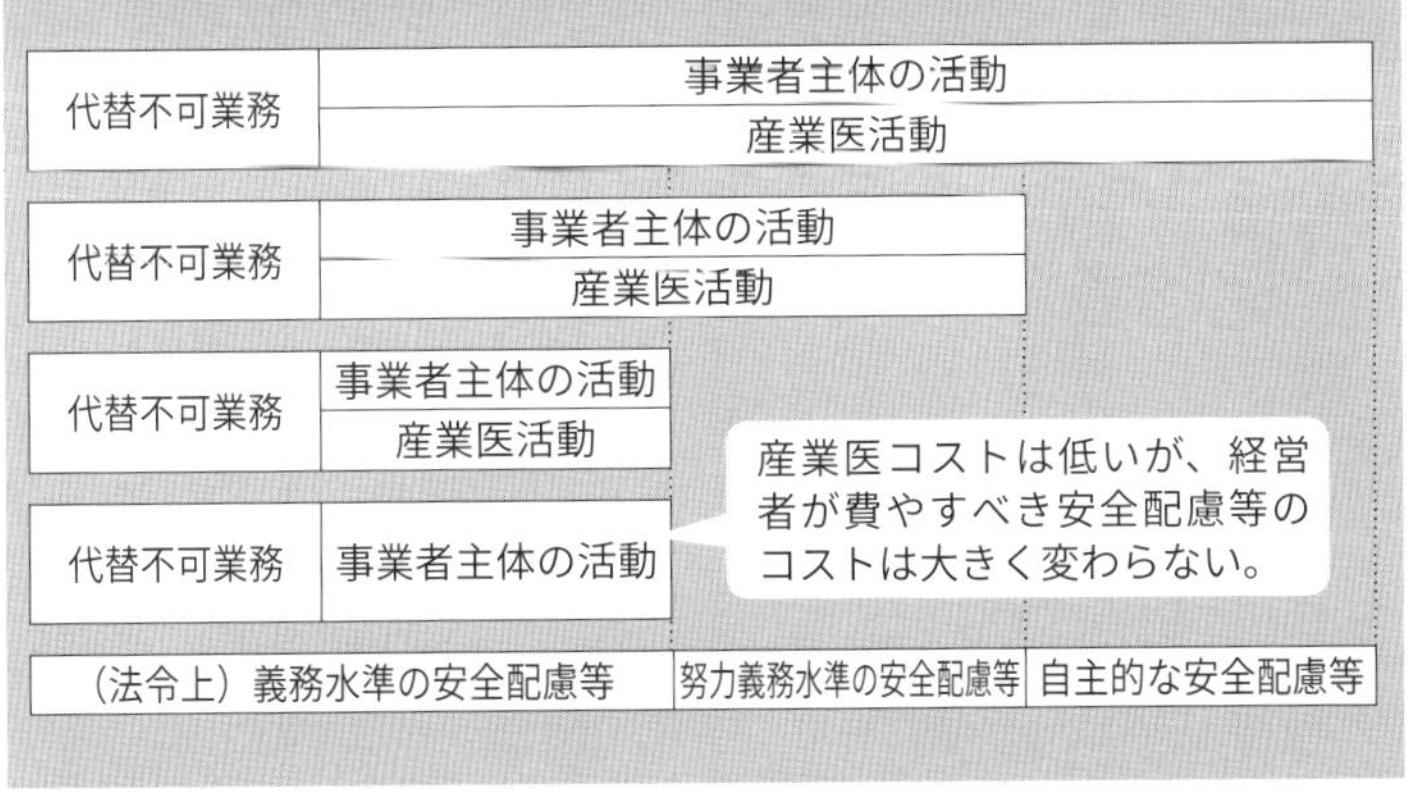
代替不可業務
事業者主体の活動
産業医活動
代替不可業務
事業者主体の活動
産業医活動
代替不可業務
事業者主体の活動
産業医活動
代替不可業務
事業者主体の活動
産業医コストは低いが、経営者が費やすべき安全配慮等のコストは大きく変わらない。
（法令上）義務水準の安全配慮等
努力義務水準の安全配慮等
自主的な安全配慮等

従業員に蓄積される『経験』『技術』『人脈』等といった財産を維持するために、産業医を有効に活用してください。

UNIT-10

従業員の意識改革で快適職場を形成

顧客サービスを見直すことで労働時間改善と生産性向上を両立

長い間の習慣をも変えることができた事例をご紹介します。

現場の慣習を再確認して意識改革

快適職場を形成するにあたって、企業内で解消しきれない長時間労働の仕組みについて整理することは大変難しく、根本的な改革が必要とされる場合があります。

長い間習慣となっている仕組みを変えられるという考え自体が難しかった例をご紹介します。そのケースでは、産業医の立場が非常に役に立ちました。

営業を主とする１００人程度のその職場では、平均の時間外労働が１３０時間程度という長時間労働が日常的になっていました。産業医はこれを課題として捉えて、人事担当者や従業員と面談を行いました。

すると、「長時間労働は好きでやっている」「夜間も丁寧に対応することで顧客が喜んでくれる」「今のやり方で顧客が増えているから問題ない」という意見が多かったのです。実際にストレスチェックでも高ストレス者は数人で、多くの従業員のストレスは低いという結果でした。

しかし、役員からも「長時間労働に耐えられる若い世代が多いうちに働き方を改善し、より良い労働環境を作りたい」と、長時間労働の改善策を求める意向が出されたため、産業医は労働衛生委員会において長時間労働改善の取り組みを行いました。

具体的には、生産性向上に関する良好事例等の一般的な労働衛生教育を行うとともに、長時間労働の健康リスク、サービスの意義について教育を行いました。

サービスのあり方を見直す

サービスの意義については、「サービスは過度に行うものではなく、顧客の要望に応じて提供する」「例えばコンパクトカーを求めている顧客に、高級セダンを提供するのはサービスとは言えないのではないか」「コンパクトカーに数万円程度のアクセサリーを付

けることが、喜ばれるサービスではないか」といった話をしました。

さらに、サービスのあり方を見直す必要性を示し、衛生委員会等で議論をするように促しました。最初は抵抗を示していた衛生担当者の意識が変わり、徐々に従業員全体の意識が変わり始めてきたのです。その結果として労働時間を減らすことと生産性向上の両立を議論するようになりました。

具体的な改善として、勤務時間外の電話対応は原則しないこととし、時間外対応が必要な顧客に対しては、別途料金のかかる夜間窓口を開設して対応しました。その結果、夜間対応というサービスを求められている事業所を限定することができ、人材の選択と集中を行ったことで顧客満足度が向上しました。さらに、「交代勤務等で対応することで、時間外勤務の60時間超えが低減」、「商品やサービスを改めて見直すことで、同業他社との違いを強調」、「顧客の商品やサービスに対する理解が向上」等の効果が次々に上がりました。

結果として、売上総利益、純利益共に増え、事業の資金繰りが改善し、減った残業代と同等程度のボーナスも支給することができたのです。

本事例の産業医は、「今は働き方改革を通して、人件費と生産性を考慮に入れたサービス開発競争が始まっているのではないか」との見解を示していました。

UNIT-11　安全配慮義務違反の事後措置

事故が起きた場合の事後措置とサポート体制

安全配慮義務違反が認められた場合は、適切な措置をとることが求められます。

産業医の視点による安全配慮義務違反への対応

企業が『安全配慮義務』を怠ったという理由で、業務中に従業員がけが等をすることがあります。安全配慮義務違反があった場合に、衛生担当者が最適な事後措置を取るまでの一連の流れを示します。

具体的には次の対策が必要になります。従業員が50人未満の事業所でも、衛生推進者等を中心に同様の体制を整備することが望ましいです。

1. 衛生管理体制の整備

労働安全衛生法に基づく、衛生管理者等を定め、実効性が伴う業務を行わせる必要があります。

2. 衛生委員会での予防策に関する調査審議後、経営者による決定

具体的予防策は『売上の向上』『作業負担の低減』『健康管理』という3つの視点で十分に調査審議する必要があります。衛生委員会で、安全配慮の内容を調査審議し、その内容を元に経営者が対策を決定します。

3. 作業環境改善、作業改善

作業環境改善及び作業改善として具体的に実行します。実行する中で新たに改善すべき課題が判明した場合は、衛生委員会で調査審議する必要があります。

4. 健康教育

安全配慮のうち従業員が行うべき『自己保健義務』の徹底や従業員の健康に関する意識向上のために、充分な教育を行う必要があります。

5. 産業医面接及び判断

予防対策は発生確率を下げることはできても、ゼロにすることはできません。そこで事故や症状が発生した場合は、速やかに産業医の面接を受けさせ、精密検査結果や作業環境等を総合的に判断した産業医の意見に基づいて、適切な事後措置を行う必要があります。

一方的なサポート体制よりも衛生管理体制の構築を

労働安全衛生法第3条において、経営者は最低基準を守るだけでなく、快適な職場環境の実現と労働条件の改善を通じて職場における従業員の安全と健康を確保しなければならないと定められています。さらに、同第4条において、従業員は、労働災害を防止するために必要な事項を守るほか、経営者等が実施する労働災害の防止に関する措置に協力するように努めなければならないと、労使の相互に責務が課されています。

経営者から従業員への一方的な安全配慮を行っていたとしても、健康障害が発生した場合は、結果的に、安全配慮の内容に不備があったことになります。そこで、労使相互の責務を活用するために、衛生委員会を活用した衛生管理体制の構築をすることが重要になります。

最適な事後措置
⑤産業医面接及び判断
④健康教育
③作業環境改善、作業改善
②衛生委員会での予防策に関する調査審議後、経営者による決定
①衛生管理体制の整備

労使相互の責務を活用するために、衛生委員会を活用した衛生管理体制の構築をすることが重要になります。

UNIT-12 快適職場が形成しづらい時の解決法

快適職場形成への抵抗に対する円満な解決方法の提言

企業の生産性が向上することにより、構造的に負担の増える人も存在します。

生産性向上で負担が増える人々

本書においては、労働安全衛生法に基づいた安全で衛生的かつ快適な職場環境の整備をすることで、生産性の向上と健康管理の両立を果たす方法について説明しました。一方で、企業の生産性が向上することにより、構造的に負担の増える次の様な人も存在します。

・生産性が向上し、1つの業務に必要な従業員数が低下することで、仕事等が減少する者
・属人化された業務から恩恵を受けている者
・離職者が増えることで利益が増える者及びその者から広報を請け負っている場合

こういった人々の一部は、生産性の低下に全力で抵抗しますが、経営者は、その背景を理解し答えを用意することで、衛生委員会等を利用し、円満な解決につなげていくことが必要です。それぞれについて、背景と解決への提言を示させていただきます。

生産性が向上し、1つの業務に必要な従業員数が低下することで、仕事等が減少する者

従業員を群の観点で整理することで、仕事を得ていたり、発言力を維持している人がおり、こういった人は、従業員数が多いことが自分の利益につながります。従って、生産性が向上し、1つの業務に必要な従業員数が低下してしまうと、仕事が減少したり発言力が低下する可能性があり、自分の役割が不要になるのではないかと不安になります。

このような場合、以下のように、従業員の生産性が向上したときのメリットについて前向きな考え方を共有すると、建設的な議論をすることができます。

・1つの業務に必要な従業員数が低下

するため、事業拡大の原資が生まれる可能性が増え、将来的には企業の人員増加が見込める。

・生産性を向上させた実績ができることで、従業員を群の観点で整理している担当者の経験値と付加価値が向上することが見込まれる。

図1：生産性が向上し、1つの業務に必要な従業員数が低下することで、仕事等が減少する者

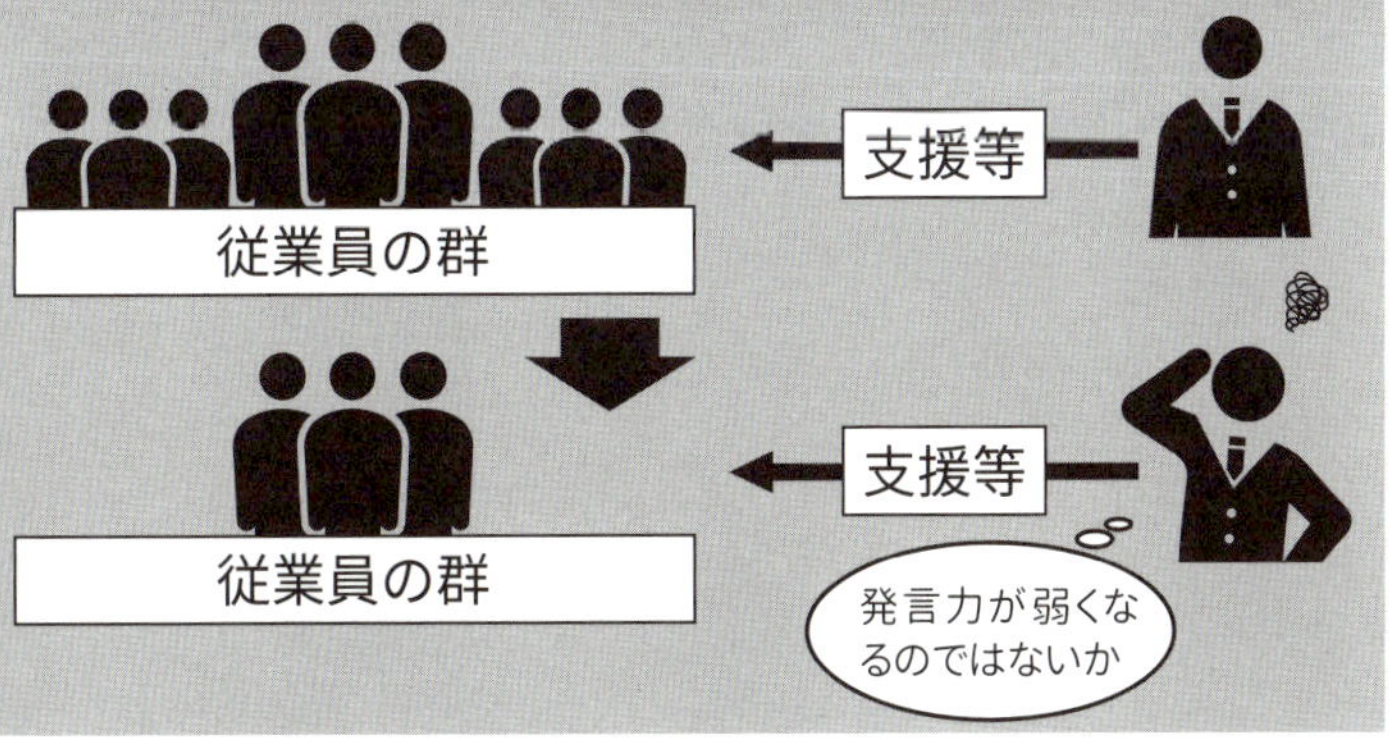

・生産性が向上することで、従業員の心身の負担が低減し、離職率が低下することが考えられ、安定的に従業員数を確保できることが見込まれる。

属人化された業務から恩恵を受けている者

属人化された業務は、企業の中で人事上の参入障壁となることが多く、そこから恩恵を受けている人は、その既得権益を侵されることに抵抗することがあります。また、経営者側も改善の過渡期にそういった人の協力が得られない場合は、生産性向上どころか業務自体が破綻するリスクがあるため、萎縮してしまう傾向があります。

しかし、この課題を放置していると生産性の低下は継続し、時代に合った企業の変化が行えないリスクとなります。以下の様な考え方を元に十分な協議を行うことが必要です。

・新たな業務に就くことへの不安を低減してもらうために、現在の業務を軸足として、新たなスキルを取得し

図2：属人化された業務から恩恵を受けている者

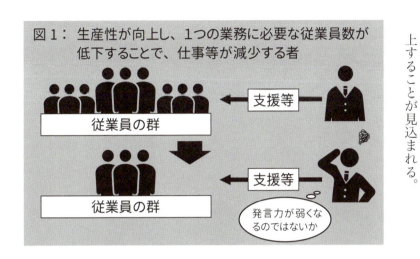

てもらうという2軸のキャリアアップを行ってもらう。

・属人化された業務のマニュアル化や機械化への協力実績を、役職や報酬に関する評価において重視する。

・不適切な対応等が属人化された業務の中に隠れていたとしても、早めに処理することで重篤な問題にならないうちに適切に整理できることを示す。

離職者が増えることで利益が増える者及びその者から広報を請け負っている者

企業の生産性が低いことで離職者が増え、その離職者に関わることで、利益をあげている人がいます。こういった方々は、生産性の向上を阻害した方が得をすることから、意図的に生産性の低下を促すことや、誤った情報発信をすることがあります。そのため、生産性向上の協議等をする際にノイズとなることが多々あります。

さらに、人手不足が叫ばれている昨今では、生産性向上に付加価値を感じている企業も、同業他社の生産性が低下するように情報戦を仕掛ける構造があるということは、経営者としては考慮に入れておいた方がよいでしょう。

図3： 離職者が増えることで利益が増える者及びその者から広報を請け負っている者

経営者は、質の高い情報として、約50年の歴史を持つ労働安全衛生法令とそれに基づく良好事例を活用し、生産性の向上のために、ぶれない目標を定めることが重要になります。

おわりに

本書を最後までお読みいただき、誠にありがとうございます。ここまでご覧になっている方は、満足された方、夢物語と一蹴された方、耐えがたい怒りを覚えた方、絶望と希望の両方を感じた方等、様々な方がいらっしゃると思います。弊社は平成31年4月で開業して1年経過しましたが、営業の中でそういった方々に触れてきました。

本書は、働き方改革をテーマにしていますが、働き方改革関連法に関する健康管理についての法律である労働安全衛生法に真正面から取り組めば、企業の利益向上に一定の成果が見込めるという内容になっています。これは、理想や夢物語に向けた社会実験ではなく、約50年の歴史を持つ労働安全衛生法と、それに取り組んできた方々の、文字通り血と汗の結晶が背景になっています。従って、経営者や人事役員へ説明する中で、経営者責任の重さ、産業医勧告の意義、衛生管理者の能力向上の必要性を説明した際に、最近数年の働き方改革の議論は、労働安全衛生法等に精通していない経営者にとっては、チェックメイトの状態から始まっており、安全配慮義務等の労働衛生の基礎的な考え方に反論をする余地が無かったことに気づかれ、怒りを露わにされる方がいらっしゃいました。

近年、従業員の健康管理について取り組みをしてこなかった経営者は、本書でも紹介させていただきました「快適職場形成に抵抗せざるを得ない人」に、弄ばれていることを実感しています。特に、快適職場形成に抵抗せざるを得ない人の3パターンに、社内の衛生担当者や社外の健康に関する企業が該当していた例では、年間数億の損失を継続的に出していました。そして、採用経費、生産性の向上しない設備投資、法令や科学に基づかない健康管理の取り組みに巨費を投じていました。表紙の様に働く人の健康管理については、様々な取り組み方がありますが、土台は労働衛生に関する実績と科学に基づいています。企業の貴重な資金が、実績や科学から逸脱した結果の出ない社会実験に、投じられないことを祈ります。

古代ギリシャの哲学者ソクラテスは、「戦いにおける指揮官の能力を示すものとして、戦術が占める割合は僅かである。第一にして最も重要な能力は部下の兵士たちに軍装備を揃え、糧食を与え続けられる点にある。」と語っています。日本が対外戦で敗北したのは、文禄・慶長の役と第2次世界大戦を代表的なものとしてあげることができますが、様々な理由の中の1つとして、補給線が不十分であったことも含まれています。豊臣秀吉公が朝鮮在番の諸将に、「兵糧を日本の都へ届けるよりも、その方（朝鮮）に届けるほうが容易である。」と書状を発したように、温暖で水資源に恵まれている日本で育った将官は、自らが持つ補給線を過大評価（※）することがあるようです。

補給線とは、『兵士が戦えるだけの健康を維持するインフラ』を意味することから、企業における補給線とは、『従業員が働けるだけの健康を維持する仕組み』ということができます。しかし、賃金や設備投資といった『量』の面だけの対応では、収益の低下につながってしまいます。そこで、『質』を向上させるために労働衛生の実績と科学が必要となります。対外戦で勝利した事例を参考とすると、日本ビタミンの父と呼ばれた高木兼寛海軍軍医総監が、食事の量ではなく質を変えたことで海軍の脚気を撲滅し、海軍の増強を行うことができました。

私の事例としては、着任から3年目で、600人程度の事業所で半年間休業者0人を達成することができました。これは、前任者までが構築した労働衛生体制、安全に対する体制の水平展開、企業内診療所による1次予防から3次予防までの一貫した予防体制等により、担当者が一丸となって得られた成果でしたが、実績と科学の運用の視点で貴重な成功体験となっています。

本書をお読みになった方は、満足した感情や怒りの感情等、様々な感情の動的変化をお持ちになったと思います。人も企業も行動に変化を起こすためには、感情の変化が必要です。今回得られた感情の動的変化を、自身と部下の健康管理を行う原動力に変えていただければ嬉しいです。お求めに応じて、弊社もセミナー形式で支援させていただきます。

この度は、本書にお付き合いいただき、誠にありがとうございました。今後とも、何卒よろしくお願いいたします。

※補給線が十分で、現場が補給を求めていないのであれば、そもそも書状を書くような事態になっていないと考えられます。

医師・産業医

朝長健太　TOMONAGA Kenta

平成19年 産業医科大学医学部 卒業、同年医師免許取得。医療の現場において、麻酔科医師として勤務を行う中で、基礎医学と臨床医学のつながりを見直し、その知見を基礎とし、内科として完全自由診療を行う診療所の立ち上げに参画。
食料品会社、化学会社などにおいて、メンタル対策、化学物質対策、がんなどの疾病を抱える方々の治療と就業の両立支援等の様々な対策を実行。
平成28年度より、厚生労働省労働基準局において、医系技官としての勤務を経て、平成30年度に現職である代表取締役社長に就任。

主な職歴

厚生労働省労働基準局　健康疫学専門官
セントラル硝子株式会社　産業医
日本たばこ産業株式会社　副部長
さくらクリニック博多　医長

保有国家資格

医師、労働衛生コンサルタント、
麻酔科標榜許可医

保有学術団体認定資格

産業衛生専門医、社会医学系専門医 / 指導医

株式会社 産業予防医業機構

受注実績：東証一部　システムインテグレータ企業
　　　　　東証一部　電力企業
　　　　　東証一部　小売企業

ホームページ
http://hatarakikatakaikaku.com/

セミナー・その他　問い合わせ：Tel 03-6268-8518

Mail : fineroads@icloud.com

学会等活動歴

- 山口県産業衛生学会（2013 年度～ 2015年度）　幹事
- 第 25 回日本産業衛生学会産業医・産業看護全国協議会　委員
- 第 25 回日本産業衛生学会産業医・産業看護全国協議会シンポジウム　座長
- 第 26 回～第 40 回電離放射線障害の業務上外に関する検討会　専門官
- 第 25 回～第 28 回印刷事業場で発生した胆管がんの業務上外に関する検討会　専門官
- 第 20 回～第 25 回 1F ネットワーク研究会会議　オブザーバー
- 第 18 回～第 24 回 21 世紀産業医学研究会　主幹事
- 第 16 回～第 18 回東京電力福島第一原子力発電所医療体制ネットワーク連絡会議　オブザーバー
- 平成 28 年度～平成 29 年度全国原子力災害時医療連携推進協議会　オブザーバー
- 平成 29 年度地域原子力災害時医療連携推進協議会　オブザーバー
- 平成 29 年度東電福島第一原発における健康管理の体制整備事業相談員協議会 オブザーバー
- 第 3 回～第 6 回放射線審議会眼の水晶体の放射線防護検討部会　オブザーバー
- 第 4 回医療放射線の適正管理に関する検討会　専門官
- 第 23 ～ 24 回原子放射線の影響に関する国連科学委員会国内対応委員会　オブザーバー
- 産業医学推進研究会関東地方会（2018 年度～）　運営委員
- 第 26 回～第 27 回 1F ネットワーク研究会会議　研究会員
- 平成 30 年度関東信越厚生局勉強会　講師　等

出版物等

『働き方改革セミナー 2018 ～働き方改革を企業の資産形成につなげる手法～』（DVD）
『ドクターズマガジン 2019 年 3 月号　Doctor's Opinion』

筆頭論文

- 蛋白質発現プログラムとコマンド開発：バイオメディカル・ファジィ・システム学会大会講演論文集 15(0), 17-18, 2002
- Protein Expression Programming におけるコマンド理論と線維化：バイオメディカル・ファジィ・システム学会大会講演論文集 16(0), 35-38, 2003
- カウンターコマンド理論による線維化の作成：バイオメディカル・ファジィ・システム学会大会講演論文集 17(0), 57-62, 2004
- 特定アミノ酸の投与による翻訳速度上昇の論理式：バイオメディカル・ファジィ・システム学会大会講演論文集 18(0), 71-74, 2005
- ステロイドパルス療法にて軽快した非特異的間質性肺炎 (NSIP) の 1 例：昭和病院雑誌 4(1), 060-064, 2007

令和《れいわ》の働《はたら》き方《かた》
部下《ぶか》がいる全《すべ》ての人《ひと》のための
働《はたら》き方《かた》改革《かいかく》を資産形成《しさんけいせい》につなげる方法《ほうほう》

令和元年 5月1 日初版第1刷
著　者　朝長健太
発行人　松崎義行
発　行　みらいパブリッシング
〒166-0003 東京都杉並区高円寺南4-26-5YSビル3F
TEL : 03-5913-8611　FAX : 03-5913-8011
http://miraipub.jp　E-mail : info@miraipub.jp
企画協力　Jディスカヴァー
イラスト　池田おさむ
ブックデザイン　池田麻理子
発　売　星雲社
〒112-0005東京都文京区水道1-3-30
TEL : 03-3868-3275　FAX : 03-3868-6588
印刷・製本　株式会社上野印刷所
©Kenta Tomonaga 2019 Printed in Japan
ISBN978-4-434-25987-6 C0034